Incontri
a Sichar

8

Per informazioni sulle opere pubblicate
e in programma rivolgersi a:

Edizioni Terra Santa
Via G. Gherardini 5 - 20145 Milano (Italy)
tel.: +39 02 34592679 fax: +39 02 31801980
http://www.edizioniterrasanta.it
e-mail: editrice@edizioniterrasanta.it

SARA MUZZI

Raimondo Lullo

Opere e vita straordinaria
di un grande pensatore medievale

edizioni
terra santa

Progetto grafico: Elisa Agazzi

Proprietà letteraria riservata
Fondazione Terra Santa - Milano

Finito di stampare nell'agosto 2016
da Corpo 16 s.n.c., Modugno (Ba)
per conto di Fondazione Terra Santa
ISBN 978-88-6240-428-0

Prove di "dialogo"

Sarebbe bene che ci sedessimo sotto questi alberi accanto a questa bella fonte e che discutessimo su ciò che crediamo, secondo i fiori e le condizioni che questi alberi significano. Poiché non possiamo giungervi per opera delle autorità, tentiamo di arrivarvi con ragioni dimostrative e necessarie.[1]

Decidiamoci a superare i pregiudizi del passato e a correggere l'immagine spesso distorta dell'altro che ancora oggi può creare difficoltà nei nostri rapporti; lavoriamo gli uni con gli altri per educare tutte le persone, specialmente i giovani, a costruire un futuro comune.[2]

Lo "Spirito di Assisi" non è superato, ma sempre più esso si pone come una possibilità concreta per risolvere l'attuale situazione di conflitto tra culture e religioni diverse.[3]

L'atteggiamento di rispetto, di cortesia, di dialogo con le altre religioni, che sintetizza ciò che viene oggi denominato "spirito di Assisi", può essere rinvenuto in alcune opere del maiorchino Ramon Llull, che, a 700 anni dalla morte, resta

---

[1] R. Lullo, *Il Libro del Gentile e dei tre Savi*, Paoline, Milano 2012, p. 110.

[2] Discorso del santo padre Benedetto XVI ai partecipanti al Forum cattolico-musulmano promosso dal Pontificio Consiglio per il Dialogo Interreligioso, giovedì 6 novembre 2008.

[3] P. Messa, *Giovanni Paolo II e lo Spirito di Assisi. La profezia della pace tra identità e dialogo*, Porziuncola, Assisi 2006.

uno di noi nell'età che fu sua. Un autore, lontano nel tempo, ma di sorprendente attualità, in cui, con le opportune cautele e assumendo la prospettiva del XIII secolo, possiamo vedere il promotore di un "dialogo tra somiglianti".

Dopo aver riconosciuto e descritto ciò che le religioni del Libro avevano in comune e in cosa differivano, Llull cerca di realizzare un dialogo basato non sull'uguaglianza tra le religioni, che non esiste, ma su una parità, che deriva dalla dignità personale delle parti. Sin dal 1294, Llull afferma che gli infedeli sono uomini come noi e della nostra stessa natura. Con pochi mezzi a disposizione (l'eredità culturale condivisa dalle religioni monoteiste e un metodo di sua creazione, dono di Dio e del luogo in cui era vissuto), tenta di promuovere un confronto aperto e disteso con i suoi interlocutori da una posizione chiara e rispettosa della propria identità cristiana e dei valori di cui possono essere portatrici le altre religioni.

Molteplici sfumature per una personalità esuberante

Ramon Llull, italianizzato in Raimondo Lullo, è una figura poliedrica, difficile da cogliere nella sua complessità. La descrizione più efficace, che di lui offrono i biografi[1], è quella che parte dai primati raggiunti nel corso della lunga esistenza (1232-1316): il primo dei grandi mistici ispanici; il primo a utilizzare la lingua materna per trattare di teologia, filosofia e scienza, fino a divenire uno dei creatori del catalano letterario; il primo a fondare un monastero di specializzazione missionaria, destinato a inaugurare la via del dialogo tra cristianesimo e altre religioni; il primo a inventare un'Arte che nell'uso di tecniche semi-meccaniche si pone come antesignana degli odierni sistemi informatici[2]. I suoi quasi

---

[1] A dieci anni dalla prima edizione di questo testo (S. Muzzi, *Per conoscere Raimondo Lullo. La vita, il pensiero, le opere*, Porziuncola, Assisi 2006), si registra un considerevole aumento delle pubblicazioni su Raimondo Lullo e una significativa ricchezza della produzione libraria in lingua italiana sulle tematiche a lui legate: un aggiornamento bibliografico si rende quindi necessario. Per iniziare ad approfondire gli studi su Lullo e i suoi scritti, un'utile fonte di informazioni è l'opera: A. Fidora, J. E. Rubio (ed.), *Raimundus Lullus. An Introduction to his Life, Works and Thought*, "Corpus Christianorum. Continuatio Mediaevalis 214. Raimundi Lulli Opera Latina, Supplementum Lullianum" II, Brepols, Turnhout 2008. Un'articolata introduzione, di alta divulgazione, al pensiero lulliano è offerta dalla traduzione italiana del testo di R. D. F. Pring-Mill, *Il microcosmo lulliano*, ed. S. Muzzi, "Medioevo" 14, Centro Italiano di Lullismo, Antonianum, Roma 2007.

[2] L'idea di un calcolo logico e della sua automatizzazione, su cui si basa l'informatica, compariva in forma rudimentale nel progetto della combinatoria dell'Arte lulliana. Leibniz, nella *Dissertatio de arte combinatoria*, si appropriò dell'idea lulliana di un alfabeto del pensiero umano che funzionasse automaticamente attraverso la combinazione di lettere, legandola alla sua idea di una *mathesis universalis*. Cfr. E. Colomer, "De Ramon Llull a la moderna

cinquant'anni di frenetica attività si traducono in 250 opere di vario genere, scritte in catalano, arabo e latino, in elaborate dottrine e, infine, in numerosi viaggi. Le sue indicazioni metodologiche e le sue proposte ecumeniche possono essere inserite nel dibattito religioso e missionario contemporaneo: Lullo intuisce come, in certe circostanze, il modo migliore di essere missionario è essere filosofo e filosofo del dialogo[3]. Nonostante la modesta conoscenza del latino e i natali legati a un'isola sulla frontiera meridionale d'Europa, Raimondo Lullo presenta il suo sistema e i suoi progetti a papi, re, sultani, università, muovendosi tra la Corona d'Aragona, la Francia, l'Italia e l'Africa del Nord. Senza essersi formato nelle principali sedi universitarie del tempo, non esiste ambito del sapere che egli non esplori; l'influenza della sua opera sul pensiero di Niccolò Cusano è ancora oggi oggetto di numerosi studi; è riconosciuto come l'ispiratore di Giordano Bruno e di Gottfried Wilhelm von Leibniz. Laico, la cui appartenenza al Terzo Ordine di san Francesco è ritenuta probabile, ma non certa, diffonde il suo zelo evangelico attraverso il Mediterraneo, il «mare dell'unico Dio e delle molte comunità di credenti»[4].

Filosofo cristiano, nella tradizione neo-platonica ordina e gerarchizza tutte le sue idee alla luce di un unico principio fondamentale: l'azione missionaria. Nella sua filosofia

---

informatica", in *Estudios Lulianos*, 23 (1979), pp. 113-135. Il lettore di oggi può essere guidato tra i meccanismi logici dei ragionamenti lulliani da A. Bonner, *The Art and Logic of Ramon Llull. A User's Guide*, "Studien und Texte zur Geistesgeschichte des Mittelalters" 95, Brill, Leiden-Boston 2007, di cui disponiamo di una traduzione in catalano: *L'Art i la lògica de Ramon Llull. Manual d'ús*, "Col·lecció Blaquerna" 9, Universitat de Barcelona-Universitat de les Illes Balears, Barcelona-Palma 2012.

[3] Su questo tema, cfr. J. J. E. Gracia, "El misionero, como filósofo", in *Estudios Lulianos*, 22 (1978), pp. 131-138.

[4] A. Riccardi, "Mediterraneo: ebrei, musulmani e cristiani tra coabitazione e conflitto", in www.ism.unisi.ch.

altamente spirituale, generosamente idealista e, allo stesso tempo, realista, che presenta un pensiero alternativo a quello della Scolastica, il fattore personale ha un'importanza decisiva. Così, per valutare la figura di Raimondo Lullo, gli studiosi sono soliti porla nelle sue coordinate spazio-temporali: la triplice cornice catalana, europea occidentale e mediterranea[5].

In un mondo in cui le genti si mischiano, le comunità religiose convivono insieme, le lingue e le culture religiose si intersecano, il dialogo è un modo intelligente di vivere l'amore: dialogo della strada, dialogo dello scambio, dialogo dell'amicizia, dialogo della cultura. Penso al sogno mediterraneo del maiorchino Raimondo Lullo, che comprese il valore della riconciliazione tra l'Oriente e l'Occidente, ma anche il dialogo tra le religioni abramitiche. Al termine del suo dialogo tra i tre savi (l'ebreo, il cristiano e il musulmano) e il gentile, quest'ultimo era talmente consolato che «si trovò a riflettere ed a constatare di non piangere più, come prima, invece, era sua consuetudine». Il dialogo può asciugare anche le lacrime. Aiuta certo la convivenza di gente diversa e prosciuga le cause dei conflitti. Ma il dialogo non è solo tra credenti per noi europei: il variegato ma interconnesso filone di pensiero laico non è estraneo al cristiano, anche se talvolta è stato in conflit-

---

[5] Per p. M. Batllori la biografia di Raimondo Lullo va studiata all'interno di questa cornice e nell'interazione e la coesistenza di tre mondi «più autonomi che indipendenti»: il mondo latino, quello bizantino e quello islamico. Partendo dal punto di vista della storia delle idee e delle tradizioni culturali, la sfera latina e la bizantina sono considerate da R. Pring-Mill un solo grande universo. In quest'ottica i tre grandi mondi che costituiscono la cornice del pensiero lulliano sono quelli delle tre religioni monoteiste. La religione giudaica, quella cristiana e quella islamica possono essere viste come tre mondi più autonomi che indipendenti, in virtù della loro comune eredità intellettuale incentrata sul pensiero greco, adattato alle esigenze del monoteismo. Su questi temi cfr. M. Batllori, *Ramon Llull en el món del seu temps*, Dalmau, Barcelona 1960; R. Pring-Mill, *Il microcosmo lulliano, op. cit.*, pp. 33-40.

to con il cristianesimo. (...) Per questo nei nostri incontri annuali tra credenti sulla scia dello spirito di Assisi, anno dopo
anno, si incontrano insieme cristiani di tutte le confessioni,
ebrei, musulmani e laici. Il dialogo con i laici è dialogo con
una parte significativa della nostra società.[6]

---

[6] A. Riccardi, intervento alla cerimonia di consegna del XIII Premio
Catalogna (2001), in www.santegidio.org.

La vocazione culturale
della missione lulliana

Raimondo Lullo nacque a Maiorca, nell'odierna Palma di Maiorca, nell'anno dell'Incarnazione 1232, ossia all'inizio del 1233 dell'era comune. Il padre, che aveva accompagnato Giacomo I d'Aragona nella riconquista della città, in cambio dei servigi resi al re ottenne alcuni possedimenti sull'isola. Così l'uomo vi si trasferì con la moglie e lì nacque anche Raimondo. Ricevuta un'educazione cavalleresca, una volta al servizio del re, venne in contatto con la vita di corte, politica e diplomatica del regno. Ispirato dalle atmosfere cortigiane, Raimondo si cimentò nella composizione di canzoni d'amore alla maniera provenzale[1]. Si sposò, ma non rinunciò a condurre una vita mondana e dissoluta fino a circa trent'anni, quando la sua esistenza cambiò in seguito alla conversione. Come racconta la *Vita beati Raymundi Lulli*, la biografia[2] da

---

[1] Il desiderio di raggiungere una buona conoscenza dell'Islam e di farsi comprendere da questo interlocutore viene fatto risalire all'epoca in cui Lullo era un trovatore. La sua evoluzione poetica, verso una trasfigurazione religiosa dell'amore cortese, aveva subito l'influenza del mondo musulmano sul terreno della musica, fondamentale nella cultura di al-Andalus. Il suo studio e il suo interesse per il mondo musulmano, dopo la conversione, vengono letti come un approfondimento di una simpatia precedente in D. Urvoy, "Le rôle des facteurs culturels comme lien entre la mentalité islamique et la pensée lullienne: l'exemple de la musique", in *Estudios Lulianos*, 19 (1975), pp. 71-80.

[2] Le edizioni e le versioni di questa opera sono numerose; la prima edizione critica è S. I. Boduin De Gaiffier, "Vita beati Raymundi Lulli", in *Analecta Bollandiana*, 48 (1930), pp. 130-177. La più recente: *Raimundi Lulli Opera Latina*, ed. H. Harada, "Corpus Christianorum, Continuatio Mediaevalis" XXXIV, Brepols, Turnholt 1980, pp. 271-309. In lingua italiana: *La vita coetanea*, ed. S. M. Malaspina, Jaca Book, Milano 2011. Il testo latino è l'originale, ma ne esiste

lui stesso dettata nel 1311 a un monaco della Certosa di Vau-
vert: una sera, intento alla composizione di una canzone per
una donna che amava di amore passeggero, ebbe una prima
visione di Cristo crocifisso. Fu necessario il ripetersi di tale
apparizione per altre quattro volte, prima che la sua ostinata
natura ne riconoscesse la realtà e comprendesse ciò che Dio
gli chiedeva: abbandonare il mondo e spendere la propria
vita senza riserve per la conversione dei saraceni in nome
dell'amore e della gloria di Cristo.

Raimondo, siniscalco alla mensa del re di Maiorca, mentre
negli anni giovanili era ancora eccessivamente occupato alla
composizione di canzoni e poesie, e dedito ad altre licenziosi-
tà mondane, una notte stava seduto vicino al suo letto, pronto
a redigere e scrivere nella propria lingua una canzone di una
donna di cui allora era infatuato. Mentre stava cominciando
a scriverla, voltandosi a destra vide il Signore Gesù Cristo
appeso in croce. A quella visione fu preso da timore e, lascia-
to ciò che aveva in mano, si mise a letto a dormire. Il giorno
seguente alzatosi e tornato alle sue solite occupazioni, non si
curava per nulla di quella visione, al contrario, quasi per otto
giorni, nello stesso luogo di prima e quasi alla stessa ora, si ri-
dedicò a scrivere e a terminare la sua precedente canzone. Ma
di nuovo il Signore in croce gli apparve in visione, come in
precedenza. Ed egli, ancora più spaventato di prima, si infilò
nel suo letto come nell'altra occasione e si addormentò. E di
nuovo il mattino seguente, dimenticandosi dell'apparizione

---

una versione in catalano (la *Vida coetània*), probabilmente del XV secolo, per la
cui edizione cfr. M. Batllori (ed.), *Ramon Llull, Obres essencials*, 2 voll., Barcelona
1957-1960, I vol., pp. 31-54. La *Vita beati Raymundi Lulli*, dettata da Lullo per
presentare se stesso e la sua opera al Concilio di Vienne in maniera da ottenere il
consenso per l'attuazione dei suoi progetti, venne scritta in un latino facile, vicino
alla sintassi delle lingue romanze per rispondere a un bisogno di comunicazione
con quelle classi nobili, ma poco colte, che per vari motivi si recavano al Concilio.

avuta, non abbandonò la sua condotta lasciva; si affrettava a concludere la canzone iniziata; successivamente una terza e una quarta volta, a intervalli di qualche giorno, il Salvatore gli riapparve sempre nella stessa forma di prima. Alla quarta o, come per lo più si crede, alla quinta volta, avvenuta la stessa apparizione, se ne andò a letto spaventatissimo, pensando fra sé e sé per tutta quella notte che cosa potessero voler dire tali visioni, ripetute così tante volte.[3]

Per riuscire nell'intento, avrebbe composto un libro, il migliore del mondo, contro gli errori degli infedeli e sarebbe andato dal Papa e dai re cristiani, per ottenere la fondazione di monasteri dedicati all'insegnamento dell'arabo e delle lingue orientali ai futuri missionari:

> (...) Egli ignorava del tutto la lingua araba, che è quella parlata dai Saraceni. Gli venne allora in mente che sarebbe potuto andare dal Papa, dai re e dai principi cristiani per incitarli e per ottenere da essi che istituissero, nei vari regni e nelle varie province adatte a questo scopo dei monasteri, in cui si collocassero alcuni eccellenti religiosi e altre persone idonee al fine di apprendere la lingua dei Saraceni e quella degli altri infedeli. Così da quel gruppo di persone, una volta là convenientemente istruite e sempre pronte, si sarebbero potuti scegliere alcuni idonei da mandare predicare e a manifestare ai Saraceni e agli altri infedeli la pia verità della fede cattolica, che è in Cristo.[4]

Tre mesi dopo, l'ascolto di un sermone su san Francesco lo spinse a privarsi di tutti i suoi beni tranne la parte da destinarsi al mantenimento della moglie e dei figli e al finanziamento

---

[3] R. Lullo, *La vita coetanea*, ed. S. M. Malaspina, *op. cit.*, pp. 15-17.
[4] *Ivi*, p. 21.

dei suoi spostamenti o al pagamento degli amanuensi. Iniziò quindi un lungo pellegrinaggio nei principali luoghi di devozione della sua epoca. Al ritorno, desiderando realizzare i suoi propositi e percependo come inadeguata la propria formazione, maturò la decisione di andare all'Università di Parigi. Tuttavia, i familiari, gli amici e soprattutto Ramón de Peñafort lo persuasero a restare a Maiorca, per dare inizio a un periodo di studi che durò nove anni e ne fece un missionario dotato di un metodo personale e nuovo.

La vera scuola di Raimondo Lullo fu il contatto con gli uomini. Acquistò uno schiavo arabo e da lui acquisì una buona conoscenza di quella lingua, dei princìpi della fede e della cultura islamiche; attraverso i contatti con i musulmani liberi, apprese anche qualche nozione della loro filosofia e teologia. La vita di corte, prima, e l'attività missionaria, poi, diedero a Lullo la possibilità di dialogare con artigiani, mercanti, marinai, cavalieri, trovatori, chierici, dottori, saraceni, ebrei, scismatici, principi, re, papi, consoli, ambasciatori provenienti da vari luoghi, ma Maiorca fu il primo teatro della sua formazione[5]. Al centro delle rotte marittime tra l'Africa del Nord, l'Italia, la Sicilia, la penisola iberica e la Francia, vero ponte tra l'Europa e l'Africa, Maiorca era una delle città più cosmopolite del XIII secolo. A Maiorca si trovavano comunità di mercanti genovesi e pisani; vi erano giunti colonizzatori dalla Catalogna, da Montpellier, da Marsiglia. Un ruolo di fondamentale importanza per la vita economica e diplomatica era ricoperto dalla comunità ebraica, che aveva offerto abili banchieri, intermediari nel traffico dell'oro e ambasciatori che, per le loro conoscenze linguistiche, potevano rappresentare la Corona catalana nel Maghreb. Infine, quasi la metà della popolazione totale dell'isola era costituita da musulmani (schiavi frutto

---

[5] Cfr. *infra*, Selezione antologica, *Doctrina pueril*, nn. 4, 5, 6.

della recente conquista), piccoli mercanti, uomini liberi provenienti da Minorca. Maiorca permise a Raimondo Lullo di conoscere l'universo culturale del regno catalano-aragonese, aperto sul Mediterraneo, l'Africa del Nord e la Francia, e del mondo sottomesso all'insegnamento di Maometto. Maiorca fece percepire a Lullo come la lingua materna potesse essere utilizzata per un "apostolato internazionale": i traffici commerciali legati all'espansione imperialistica catalana avevano trasformato il catalano in una specie di lingua internazionale del commercio e della diplomazia. Gli anni di studio "sul campo" in un ambiente multiculturale, caratterizzato dalla convivenza di religioni diverse e da una tolleranza fortemente legata agli equilibri politici e commerciali, troveranno la loro piena applicazione nella metodologia missionaria lulliana.

Quando ritenne di aver compensato le lacune della sua formazione[6], dieci anni dopo la conversione, Lullo si recò sul monte Randa, per dedicarsi alla vita contemplativa. Fu in questo luogo che per illuminazione divina ricevette «la forma e il modo» del libro che aveva in animo di comporre per la conversione degli infedeli:

> Dopo di ciò, Raimondo salì su di un monte, non lontano da casa sua, per dedicarsi con maggiore tranquillità alla contemplazione. Quando non era ancora trascorsa una settimana completa, accadde che un certo giorno, in cui stava osservando attentamente il firmamento, all'improvviso il Signore illuminò la sua mente, proponendogli la forma e il modo di fare il libro contro gli errori degli infedeli, di cui si è parlato prima. Raimondo rendendo grazie all'Altissimo, scese dal monte. In seguito fuggì all'abbazia già citata e cominciò a

---

[6] Cfr. J. N. Hillgarth, "La Biblioteca de La Real: fuentes posibles de Llull", in *Estudios Lulianos*, 7 (1963), pp. 5-17.

concepire e scrivere il libro che dapprima chiamò Arte maggiore, ma più tardi chiamò Arte generale.[7]

Successivamente, compose anche altre opere, di cui ebbe notizia l'infante Giacomo che, nel 1274, lo convocò a Montpellier. Qui, il secondogenito di Giacomo I, per accertarne la devozione, fece esaminare i suoi scritti da un maestro in teologia, che si pronunciò favorevolmente. Sempre in questa città, Lullo compose l'*Ars demonstrativa*, sulla quale tenne lezioni pubbliche. Appena l'Infante venne innalzato al trono di Maiorca, Lullo ottenne il permesso e l'appoggio per la fondazione del monastero missionario di Miramar[8]: tredici frati Minori, selezionati per la conversione degli infedeli, si sarebbero applicati nello studio delle lingue e soprattutto dell'arabo. Giacomo II di Maiorca dotò il monastero di un reddito proprio e la fondazione venne approvata da papa Giovanni XXI (1276-1277), nel 1276. Lullo chiese e ottenne che il monastero venisse donato ai frati Minori i quali, a differenza dei Predicatori, non ne possedevano nessuno. Tornato a Maiorca, diresse personalmente il monastero di Miramar, alternando la vita contemplativa con lo studio e la composizione di varie opere.

Riccoldo [da Monte Croce] est catégorique: le frère missionnaire ne peut dépendre d'un traducteur.[9]

---

[7]   R. Lullo, "Vita beati Raymundi Lulli", in J. Gajà Estelrich, *Raimondo Lullo. Una teologia per la missione*, Jaca Book, Milano 2002, p. 77.

[8]   Per un approfondimento su quello che rappresenta il monumento dell'ideale missionario lulliano, cfr. S. Garcias Palou, *El Miramar de Ramon Llull*, Palma de Mallorca 1977; M. Sevilla, *El que sé de Miramar*, "Publicacions del Centre d'Estudis Teològics de Mallorca" 43, Mallorca 2009.

[9]   J. Tolan sottolinea l'importanza della conoscenza delle lingue per i missionari in "Porter la bonne parole auprès de Babel. Les problèmes linguistiques chez les missionnaires mendiants, XIIIe-XIVe siècle", in P. von Moose (ed.), *Zwischen Babel und Pfingsten. Sprachdifferenzen und Gesprächsverständigung in der Vormoderne (8-16 Jahrhundert)*, Zurich-Berlin 2008, pp. 533-548.

Una rete di contatti

Nel 1277 circa, iniziarono i viaggi del Maiorchino, per destare l'interesse di quanti erano attivi nella vita sociale e politica del suo tempo: prima di tutto, si recò a Roma, per presentare al Papa istanza di fondazione di monasteri sul modello di quello appena istituito a Miramar. La *Vita beati Raymundi Lulli* fa riferimento al viaggio a Roma, il terzo in ordine cronologico: Lullo vi giunse dopo la morte di papa Onorio IV (1285-1287) e, trovando vacante la sede apostolica, lasciò l'Urbe alla volta di Parigi, per insegnarvi la sua Arte[1]. Lo sconcerto degli studenti nell'impatto con il nuovo metodo lo spinse a recarsi a Montpellier, per scrivere una versione semplificata dell'Arte, l'*Ars inventiva veritatis*. Da qui, puntò a Genova, dove tradusse in arabo l'*Ars inventiva*. Nel 1292 raggiunse Roma, per ottenere da papa Niccolò IV (1288-1292) un sostegno ai suoi progetti missionari. L'insuccesso lo fece ritornare a Genova, dove iniziò i preparativi per andare in Africa del Nord a sperimentare l'Arte; una grave crisi spirituale, tuttavia, ne ritardò la partenza. Per alcuni studiosi lulliani, questo è il momento in cui il Maiorchino decise di vincolarsi al Terzo Ordine di san Francesco.

Quando riuscì a raggiungere Tunisi[2], dissertò solamente con uomini di religione. I suoi nuovi interlocutori, interessa-

---

[1] Per una carrellata sui viaggi di Lullo in Italia e sulle opere scritte nelle diverse città in cui soggiornò, cfr. M. Batllori, *Il lullismo in Italia. Tentativo di sintesi*, Centro Italiano di Lullismo, Antonianum, Roma 2004.

[2] Contatti politici, diplomatici, economici, culturali e religiosi avevano fatto sì che la scelta di Lullo non fosse avventata. I maiorchini avevano in questa

ti al metodo e colpiti dalla "cortesia" del suo atteggiamento, tentarono di proteggerne l'incolumità, senza però evitare che le autorità locali comminassero a suo carico il provvedimento di espulsione, nel 1294. Costretto a imbarcarsi su una nave genovese, Lullo cercò di ritornare segretamente a terra, per non lasciare incompiuta l'opera di apostolato che aveva iniziato; tuttavia, vedendo ciò che era capitato a un uomo scambiato per lui, decise di salpare per Napoli. Qui insegnò pubblicamente la sua Arte e ottenne il permesso di predicare sia ai musulmani che si trovavano nelle colonia saracena di Lucera sia ai musulmani prigionieri a Castel dell'Ovo. Dopo l'elezione di Celestino V (29 agosto-13 dicembre 1294), diresse al nuovo Papa una petizione per impetrare la fondazione di monasteri, la conquista della Terra Santa e l'unificazione degli Ordini militari. L'anno successivo (1295), Lullo rinnovò la petizione anche al neo-eletto Bonifacio VIII (1294-1303). I tentativi di Raimondo si rivelarono inefficaci e la sua profonda delusione traspare nelle opere di questo periodo che, a parere di alcuni, potrebbe identificarsi, più del precedente, con quello del suo ingresso nel Terzo Ordine francescano. Sebbene l'appartenenza del Maiorchino al Ter-

---

città un fondaco proprio, una cappella, un console per i problemi legali; francescani e domenicani vi avevano già realizzato delle missioni. Su questo argomento cfr. R. Da Costa, "Maiorca e Aragão no tempo de Ramon Llull (1250-1300)", in www.ricardocosta.com; Id., "Muçulmanos e Cristãos no diálogo luliano", *ivi*; C. E. Dufourq, "La Méditerranée et le Christianisme: cadre géopolitique et économique de l'apóstolat missionnaire de Ramon Llull", in *Estudios Lulianos*, 24 (1980), pp. 5-22. Per un punto di vista che parte dalla centralità mediterranea per allargarsi verso tradizioni culturali e filosofiche arabo-islamiche, ebraiche, latino-cristiane, greco-bizantine e armene, interessanti sono gli interventi e le relazioni del Seminario internazionale "Il Mediterraneo del '300. Raimondo Lullo e Federico III d'Aragona, re di Sicilia", Palermo, Castelvetrano-Selinunte, 17-19 novembre 2005, pubblicati in A. Musco, Marta M. M. Romano (ed.), *Il Mediterraneo del '300: Raimondo Lullo e Federico III d'Aragona, re di Sicilia. Omaggio a Fernando Domínguez Reboiras*, "Subsidia Lulliana" 3, Brepols, Turnhout 2008.

zo Ordine non sia stata ancora acquisita come certa, Lullo condivide con l'esperienza francescana gli elementi fondamentali[3]. Infatti, il senso della conversione e della riconciliazione, la centralità di Cristo, la spiritualità ispirata dall'ascolto della Parola, la relazione di fraternità con tutti gli uomini, la predisposizione al dialogo e l'instaurazione di esso fondano la prassi lulliana dell'evangelizzazione dell'Islam.

Ora, qual è tale presupposto o il contesto generale, in grado di alimentare più percorsi, sempre aperti, sorretti da un'anima convergente, non contrappositiva, spia di una possibile pacificazione universale? È il Logos come bontà espansiva e come libertà creativa, grande premessa della Scuola francescana, cui Lullo si richiama, grazie a cui rifiuta il relativismo senza cadere nel dogmatismo. (...) Ansia missionaria e proposta scientifica confluiscono nell'unità della verità cristiana, pensata e presentata come il compendio di tutte le verità in vista della conversione. Lullo è un missionario francescano.[4]

Tra il 1297 e il 1299, Lullo soggiornò prima a Montpellier, residenza di Giacomo II di Maiorca, e poi, ottenuta raccomandazione per Filippo il Bello, a Parigi. Riscossi maggiori consensi tra gli studenti della Sorbona, abbandonò Parigi per Barcellona, dove ottenne da Giacomo II d'Aragona[5] il

---

[3] La rivista *Antonianum* ha dedicato un numero monografico alla figura di Raimondo Lullo, tratteggiata nei suoi aspetti peculiari e in relazione alla tradizione francescana, cfr. *Antonianum* 3 (2015).

[4] O. Todisco, "Lo spazio teoretico come spazio di libertà. La lezione filosofica del francescano Raimondo Lullo", in *Miscellanea Francescana*, 106 (2006), pp. 501-570.

[5] I contatti tra Lullo e quest'ultimo risalivano al periodo in cui, come risultato indiretto del trattato di Anagni (1295), le Baleari stavano per essere restituite a Giacomo II di Maiorca. Per i rapporti di Raimondo Lullo con la politica del suo tempo cfr. J. N. Hillgarth, *Ramon Llull and Lullism in fourteenth-century France*, Oxford 1971, pp. 46-135; Id., *Diplomatari Lullià: documents*

permesso di predicare nelle sinagoghe e nelle moschee del regno. Nel 1300 tornò a Maiorca, dopo che la perdita delle Baleari da parte di Giacomo II lo aveva spinto a intrecciare relazioni con i re di Francia e di Sicilia, alleati di Giacomo contro il sovrano aragonese.

Seguirono molti viaggi: a Cipro, per ottenere dal re il permesso di discutere con i monofisiti, i nestoriani e gli infedeli che vivevano nell'isola, e per raggiungere il sultano di Babilonia, il re di Siria e di Egitto; a Famagosta, presso il Gran Maestro dell'Ordine dei Templari; a Rodi, Malta, Maiorca, Montpellier, Genova, come in Armenia. Nel 1305, nella speranza di essere ascoltato da papa Clemente V (1305-1314), cui aveva presentato i suoi progetti nel *Liber de fine*, seguì la corte pontificia a Lione[6]. Ma il Papa e i cardinali non presero in considerazione le sue suppliche, inducendo Lullo a intraprendere nuovi viaggi a Parigi, Pisa, Maiorca, avendo in animo di imbarcarsi per Bugia, in Africa.

Giunto in terra berbera, iniziò a predicare pubblicamente la fede cattolica, suscitando reazioni violente tra i musulmani. Si salvò dalla lapidazione e dalla condanna a morte grazie all'intervento del muftì della città, il quale però non riuscì a evitargli una prigionia durissima. L'intercessione dei catalani e dei genovesi presenti in quel luogo fece sì che migliorassero considerevolmente le condizioni della detenzione. Anche la prigione si trasformò in un luogo di scambio e apprendimento: ogni giorno, per convincere l'illustre segregato a sottomettersi alla Legge di Maometto, gli venivano inviati uomini

---

relatius a Ramon Llull i a la seva família, "Col·lecció Blaquerna" 1, Universitat de Barcelona-Universitat de les Illes Balears, Barcelona-Palma de Mallorca 2001. Lullo è un attento osservatore delle dinamiche delle forme della politica e scrive una favola, che ha per protagonisti degli animali, con lo scopo di mettere in guardia i potenti dai cattivi consiglieri: R. Lullo, *Il libro delle bestie*, ed. Loretta Frattale, Novecento, Palermo 1987.

[6] Cfr. *infra*, Selezione antologica, *Liber de fine*, Prologo.

a offrire mogli, onori e ricchezze; Lullo rifiutava, cercando di offrire a sua volta chiarimenti sulla Legge cristiana. Il risultato di questo dialogo doveva concretizzarsi in due libri, in cui ciascun interlocutore esponeva le ragioni della verità della propria fede; dei due volumi previsti, fu terminato solo quello realizzato da Lullo. Trascorsi sei mesi di galera, di cui una parte nella latrina della prigione, Lullo fu espulso da Bugia e fatto imbarcare su una nave diretta a Genova. Una tempesta, però, lo costrinse a riparare a Pisa, dove venne accolto con molti onori e poté dedicarsi alla trascrizione e composizione di alcune opere. La repubblica marinara fornì al Maiorchino raccomandazioni per il Papa, tese a influenzarne favorevolmente il parere sulla necessità di organizzare una nuova crociata per la conquista della Terra Santa. Senza mai smettere di scrivere, Lullo partì per Genova, Montpellier, Avignone e Parigi, dove intraprese una vera crociata contro l'averroismo. A Filippo il Bello chiese, dunque, di liberare la città «dagli errori» di Averroè, che non solo negavano i punti fondamentali della religione cristiana, ma trasmettevano anche una visione distorta dell'uomo[7]. Al re il Maiorchino chiese anche di fondare collegi per l'apprendimento delle lingue degli infedeli. Dai maestri dell'Università parigina ottenne il riconoscimento delle sue dottrine e dal sovrano carte commendatizie per tutta la Cristianità. La notizia della convocazione (agosto 1308) del Concilio a Vienne, precipitò Lullo in frenetiche attività. In una nuova petizione presentò dieci ordinazioni, che proponevano: l'istituzione delle scuole per i futuri predicatori, l'unificazione degli Ordini militari, l'utilizzazione della decima ecclesiastica per finanziare la riconquista della Terra

---

[7] Una buona sintesi del contributo lulliano su questo argomento è contenuta nell'Introduzione a L. Obertello (ed.), *Raimondo Lullo. Il Libro del Natale. Il lamento della Filosofia*, Nardini Editore, Firenze 1991.

Santa, la riforma economica della Chiesa, la differenziazione tra abiti secolari e abiti ecclesiastici, il divieto di insegnare la filosofia come trasmessa da Averroè, il divieto agli usurai di fare testamento, il permesso di predicare agli ebrei e ai musulmani rispettivamente il venerdì e il sabato, la riforma della giustizia e della medicina. Finalmente il Concilio prese in considerazione le ordinazioni di Lullo, dando attuazione solo ad alcune di esse. Fu stabilita la fondazione di cinque collegi: a Roma, Bologna, Parigi, Salamanca e Oxford; in essi si potevano insegnare le lingue araba, ebraica e caldea (o siriaca). Fu approvata una nuova spedizione in Terra Santa.

Nel 1312, conclusosi il Concilio, Lullo, avanzato negli anni, si recò a Montpellier, a Maiorca, per passare poi a Messina, spinto probabilmente dalla politica di Federico III e dai disegni del monarca sulla crociata e sulle scuole di lingue. A Messina, scrisse manuali per il lavoro pastorale, indirizzati forse ai riformisti e agli Spirituali, raccolti intorno a Federico III. Dalla città sicula, con il fermo proposito di tornare a Bugia, raggiunse Maiorca. Pervenne a Bugia solo nel 1314, iniziando a dedicarsi alla predicazione pubblica e alle controversie scritte con i dottori musulmani. Passò a Tunisi, dove terminò le ultime due opere, di cui abbiamo notizia, che recano la data "dicembre 1315". Ferito, morì poco prima di giungere a Maiorca. La tradizione, che lo vuole martire a Bugia per mano musulmana, ne colloca il decesso tra dicembre 1315 e marzo 1316.

Dopo la sua morte, gli eccessi di gruppi lullisti valenciani influenzati dalle idee degli Spirituali portarono il domenicano Nicolau Eimeric, inquisitore della Corona d'Aragona, a iniziare una campagna contro le dottrine di Lullo. Nel 1376, fu pubblicata una lista di cento articoli di condanna soprattutto contro il "razionalismo" lulliano. A essi fece seguito la bolla papale di censura di venti titoli, i cui effetti furono mitigati dalla contro-campagna di riabilitazione del pensiero di Lullo che culminò con la promulgazione della sentenza della Curia pontificia, invalidante la bolla del francese Gregorio XI (1370-1378). Nel 1390, la Facoltà di Teologia dell'Università di Parigi, nella persona di Joan Gerson, pubblicò un editto che proibiva l'insegnamento delle dottrine lulliane. Nel 1503, a Barcellona, fu pubblicato il *Directorium inquisitorium* di Nicolau Eimeric, contenente le cento tesi anti-lulliane e circolato, fino ad allora, in forma manoscritta. La pubblicazione, che però non riportava la sentenza di assoluzione, comportò l'inserimento del Maiorchino tra gli autori proibiti dall'Indice di Paolo IV (1555-1559); il suo nome, invece, non venne incluso nell'Indice, risalente al 1564, del Papa che portò a conclusione il Concilio di Trento, Pio IV (1559-1565)[8]. Dal 1590 Filippo II di Spagna, grande ammiratore di Lullo e difensore della sua ortodossia, cercò di promuovere la causa di canonizzazione, la revisione e l'approvazione degli scritti del beato. I fondi manoscritti, che si trovano oggi nella Biblioteca Ambrosiana di Milano, nella Biblioteca Vaticana o in quella del Collegio di Sant'Isidoro a Roma, si formarono nell'epoca in cui i libri di Lullo da Maiorca furono portati a Roma per essere esaminati. I danni provocati dalle condanne, motivate anche dalle intenzionali rielaborazioni dei frammenti dei testi lulliani ad opera di Nicolau Eimeric[9],

---

[8] Sulla proibizione delle opere lulliane negli Indici del XVI secolo e sull'indagine che la Sacra Congregazione dell'Indice dei libri proibiti effettua dal 1598 al 1603, per controllare l'effettiva applicazione dei dettami dell'*Index librorum prohibitorum*, promulgato da papa Clemente VIII nel 1596, cfr. R. Rusconi, "Manoscritti ed edizioni di opere lulliane nelle biblioteche degli Ordini religiosi in Italia alla fine del secolo XVI", in Marta M. M. Romano (ed.), *Il Lullismo in Italia: itinerario storico-critico. Volume miscellaneo in occasione del VII centenario della morte di Raimondo Lullo*, Officina di Studi Medievali-Pontificia Università Antonianum, Palermo 2015, pp. 415-426.

[9] Sull'influenza dell'anti-lullismo di Eimeric e sulla sua mancanza di fedeltà alla dottrina formulata da Lullo, cfr. S. Muzzi (ed.), *Da Raimondo Lullo a Nicola*

furono considerevoli, ma non riuscirono ad arrestare la difesa delle opere di Lullo, da cui scaturì quella valida produzione bibliografica tesa ad allontanare il sospetto di eterodossia dal Catalano di Maiorca. L'inizio del culto liturgico del beato Raimondo Lullo si fa risalire a papa Leone X (1513-1521), che avrebbe concesso un *proprium* ai soli francescani delle isole Baleari; papa Pio IX (1846-1878) estese il culto a tutto l'Ordine dei frati Minori[10].

La complessa vicenda biografica, l'indipendenza dalle grandi scuole contemporanee, la difficile lettura degli scritti e la presunta paternità di opere al confine con la tradizione occulta contribuirono a marginalizzare la figura di Raimondo Lullo all'interno della storia della filosofia.

A partire dal XV secolo, infatti, era stata attribuita a Lullo una serie di scritti alchemici che, col tempo, divenne sempre più ricca. Sorse così la leggenda di "Lullo alchimista": appresa da Arnaldo da Villanova, altro famoso catalano, l'arte di trasformare i metalli in oro, Lullo si sarebbe recato in Inghilterra per fabbricare oro per re Edoardo III e ottenere i finanziamenti per una crociata in Terra Santa. In realtà, la leggenda di "Lullo alchimista" sembra derivare dai contatti dei primi alchimisti pseudo-lulliani con ambienti legati all'eredità di Arnaldo da Villanova: Spirituali e fraticelli catalani[11].

Eimeric: storia di una falsificazione testuale e dottrinale, "Medioevo" 20, Centro Italiano di Lullismo, Antonianum, Roma 2010.

[10] Cfr. S. Barbagallo, "Il *proprium* liturgico del Beato Raimondo Lullo, Martire", in Marta M. M. Romano (ed.), *Il Lullismo in Italia: itinerario storico-critico. Volume miscellaneo in occasione del VII centenario della morte di Raimondo Lullo, op. cit.,* pp. 43-59.

[11] Per gli studi dedicati a questo tema, cfr. M. Pereira, "Alchimia lulliana: aspetti e problemi del corpus di opere alchemiche attribuite a Raimondo Lullo", in *Ramon Llull, il lullismo internazionale, l'Italia,* "Annali dell'Istituto Universitario Orientale, Sezione Romanza" 34/1, Napoli 1992, pp. 117-130; Id., "Il santo alchimista. Intrecci leggendari attorno a Raimondo Lullo", in *Micrologus,* 21 (2013), pp. 471-515; Id., "Raimondo Lullo e l'alchimia: un mito tra storia e filologia", in *Frate Francesco,* 80 (2014), pp. 517-523.

Gli strumenti della missione dialogante

Raimondo Lullo fu autore di innumerevoli scritti: opere enciclopediche come il *Liber de contemplació en Déu* o l'*Arbre de sciencia*; opere filosofiche come l'*Ars compendiosa inveniendi veritatem* e i suoi derivati; dialoghi come il *Libre del gentil e dels tres savis*; opere mistiche come il *Libre de amic e amat*; opere di pedagogia come il *Libre del Orde de cavalleria* e la *Doctrina pueril*; opere letterarie a sfondo sociale come *Blanquerna*; raccolte di proverbi, sermoni; opere in versi e altri scritti che, per brevità, non possono essere elencati, ma che si occuparono di teologia, logica, astronomia, diritto, matematica, politica. Dedicò opere alla missione, alla crociata, all'unificazione degli ordini religiosi, all'averroismo, alla retorica, all'arte della memoria[12]. Una pluralità di generi e temi, che gli interpreti del pensiero lulliano hanno ascritto alla sua volontà di persuadere sia sul piano intellettuale che sociale.

Quando scriveva, Lullo lo faceva in arabo per i musulmani, in catalano per i cristiani laici[13], in latino per il pubblico clericale. La sua frenetica attività fu sempre animata dal sincero desiderio di comprendere e farsi comprendere, presupposti imprescindibili della missione dialogante che voleva realizzare.

---

[12] Un utile strumento elettronico, sempre aggiornato, per un catalogo delle opere di Lullo e per orientarsi nel vastissimo ambito della bibliografia lulliana, è offerto dal Centre de Documentació Ramon Llull dell'Università di Barcellona ed è consultabile, in varie lingue, all'indirizzo: http://quisestlullus.narpan.net.

[13] Sul pluralismo linguistico e la fiducia nella parola di Raimondo Lullo, in relazione alla sua produzione filosofica e all'orientamento missionario, cfr. M. Pereira, "Comunicare la verità: Ramon Llull e la filosofia in volgare", in A. Alberni, L. Badia, L. Cifuentes, A. Fidora (ed.), *El saber i les llengües vernacles a l'època de Llull i Eiximenis. Estudis ICREA sobre vernacularització / Knowledge and vernacular languages in the age of Llull and Eiximenis. ICREA studies on vernacularization*, Publicacions de l'Abadia de Montserrat, Barcelona 2012, pp. 21-44.

La scoperta dell' "altro"
e una via per raggiungerlo

Immediatamente dopo la conversione, e ancora incerto su come conformarsi alla volontà divina, Raimondo Lullo già sapeva che avrebbe speso la propria vita per la conversione degli infedeli. Riteneva la missione talmente urgente da rendersi disponibile al sacrificio della vita per la salvezza degli altri. L'incontro con l'"altro", ebreo, musulmano, scismatico o tartaro, se non poteva più essere rimandato, andava però assolutamente preparato. Proprio perché nato e cresciuto nella "Maiorca delle tre religioni", poté sperimentare la corrispondenza tra ogni religione e la propria lingua di fede. Ma fu nei suoi viaggi che Lullo ebbe occasione di avvertire come la differenza linguistica non fosse estranea allo scisma e come i musulmani deridessero e disprezzassero i missionari che non parlavano la loro lingua:

Alcuni religiosi spinti e stimolati dalla devozione, si recano già talvolta in quelle terre barbare per convertire gli infedeli, ma poiché non imparano le lingue di quei posti, vi possono fare ben poco. Non hanno chi insegni loro bene la lingua straniera – di ciò ho esperienza perché ci sono stato – sicché gli infedeli li deridono e li disprezzano, perché esprimono con grandissima confusione linguistica le cose che predicano o che dicono, per difetto di lingua. Ugualmente, quando disputano con loro attraverso interpreti, ottengono risultati quasi nulli, poiché gli interpreti non comprendono la forza della fede cristiana, né padroneggiano un sufficiente vocabolario della nostra fede.[1]

Qualsiasi intento missionario sarebbe stato condannato all'insuccesso, se il missionario non avesse familiarizzato con la lingua dei propri interlocutori e con l'universo culturale che palpitava sotto tale lingua.

Quello che ancora oggi entusiasma lo studioso e il letto-re di Lullo è la sua passione e il suo interesse per l'"altro": gli infedeli (ebrei e musulmani), non concepiti come una massa informe rispetto al mondo cristiano; i cristiani, visti come una comunità bisognosa di una migliore comprensione del-la propria fede. Una passione alimentata e arricchita dall'e-sperienza e dall'osservazione, che indusse il Maiorchino a una serie di riflessioni critiche e proposte operative.

Lullo trascorse la sua lunga vita nel tentativo di sensibiliz-zare re e papi perché, nelle zone in cui più forte era la presen-za degli infedeli, edificassero monasteri per l'insegnamento delle lingue straniere ai futuri missionari[2].

La conoscenza della lingua del proprio interlocutore non poteva essere, però, l'unico presupposto costitutivo del dialogo che, negli intenti lulliani, doveva rendere frut-tifero l'incontro con l'"altro" e mostrare come la fede non dovesse necessariamente essere causa di incomprensioni e violenze tra i popoli.

Se non è stato il primo, – Giovanni Paolo II – quindi, è stato un uomo del dialogo in senso pieno, ponendosi a confron-to con i suoi interlocutori da una posizione chiara e forte,

---

[1]   F. Porsia, *Progetti di crociata. Il* De fine *di Raimondo Lullo*, Chimienti Edito-re, Taranto 2005, p. 150.

[2]   Cfr. *infra*, Selezione antologica, *Liber de fine*, Prologo.

senza equivoci, ma senza preclusioni. Il "non aver paura" è valso soprattutto per lui che non ha esitato a ripetere le impellenti ammonizioni del Concilio a mettersi in dialogo per contribuire alla ricomposizione dell'unità dei cristiani perduta lungo i secoli e a cercare legami e relazioni amichevoli con le religioni per sfatare l'obiezione storica che la fede provochi incomprensioni e violenze tra i popoli. Il dialogo dell'unità della Chiesa e della pace del mondo. Sono a tutti note le iniziative in questo settore e gli insperati risultati ottenuti. Basti ricordare la famosa giornata di preghiera per la pace di Assisi (27 ottobre 1986), in cui ha realizzato in un'unica icona il modello del dialogo ecumenico, interreligioso e della pace.[3]

Se il Gentile, che a lungo è stato in errore, ha concepito una così grande devozione e così grande fervore da dar lode a Dio, e dice che per lodare Dio non esiterà a sopportare alcun travaglio o morte per dolorosa che sia, quanto più noialtri, che tanto a lungo abbiamo avuto conoscenza di Dio, dovremmo avere devozione e fervore nel lodare il nome di Dio, e maggiormente perché Dio ci ha tanto caricati di tanti beni e di tanti onori che ci ha dato e ci dà ogni giorno; e che discutessimo e che vedessimo quale di noi è in verità e quale di noi è in errore. Così come abbiamo un unico Dio, un unico Creatore, un unico Signore, avessimo un'unica fede, un'unica legge, una sola setta, una maniera nell'amare e onorare Dio e fossimo amorevoli e soccorrevoli gli uni e gli altri, e tra noi non ci fosse alcuna differenza né discordanza di fede né di costume; per la quale differenza e discordanza siamo gli uni nemici degli altri, e ci facciamo

---

[3] E. Bromuri, "Da Giovanni Paolo II a Benedetto XVI. Nel segno della continuità", in *Una città per il dialogo*, 76 (2005), p. 9.

guerra e ci uccidiamo gli uni e gli altri, e siamo gli uni prigionieri degli altri; e per una tale guerra e morte e servitù
è ostacolata la lode e la reverenza e l'onore cui dovremmo
essere tenuti verso Dio tutti i giorni della nostra vita.[4]

---

[4] R. Lullo, *Il Libro del Gentile e dei tre Savi, op. cit.*, p. 329.

L'amore è figlio
della conoscenza

Nello sguardo di Raimondo Lullo gli infedeli non sono sconosciuti abitanti di terre lontane, nemici di Dio e della Chiesa. Egli li ha osservati, si è sforzato di comprendere e descrivere quello in cui credono e quello che attribuiscono al credo dei cristiani, ha presentato alcuni di loro come impegnati nella sincera ricerca della verità: le erronee opinioni degli infedeli derivano dall'ignoranza, condizione cui l'istruzione può porre rimedio. In tal modo, recuperata alla massa degli infedeli la condizione di credenti, Lullo li percepisce come somiglianti agli uomini come lui, restii ad accettare di essere offesi o insultati in nome delle loro credenze: contro gli infedeli non servono né le armi foriere di morte né quelle demonizzanti della parola. Proprio ripensando "l'immagine del nemico" costruita nella sua epoca[1], l'apostolo di Maiorca inizia a proporre una nuova forma di crociata.

Dai sintetici cenni biografici emerge come in Lullo la contemplazione e la missione siano un tutt'uno; infatti, la formulazione della prima teoria sulla missione si trova nel *Libre de contemplació en Déu*, un'opera dedicata appunto alla contemplazione. L'opera, scritta inizialmente in arabo nella fase contemplativa seguita alla conversione, racchiude il

---

[1] Basti pensare alle numerose leggende sulla figura del profeta Maometto, ad opera di autori cristiani, che lo identificavano con Satana. Sui modi in cui si realizzò la costruzione letteraria e iconografica della figura di Maometto, cfr. C. Ferrero Hernández, Ó. de la Cruz Palma (ed.), *Vitae Mahometi: reescritura e invención en la literatura cristiana de controversia*, Consejo Superior de Investigaciones Científicas, Madrid 2014.

nucleo germinale delle idee di Lullo sulla conversione degli infedeli: gli Apostoli convertirono il mondo con la predicazione e il martirio, non con la violenza; l'intelligenza degli infedeli deve essere affrontata, affinché possano conoscere e amare Dio[2]; il fine per cui tutti gli uomini sono stati creati è conoscere, amare, onorare e servire Dio.

Per Raimondo Lullo la conversione è opera di amore, conseguenza dell'amore di Cristo per tutti gli uomini. Tuttavia, per amare bisogna prima conoscere, perché l'amore è figlio della conoscenza. Dalla conoscenza della vera fede scaturisce la sua accettazione: come Dio non fa violenza al libero volere degli infedeli, per forzarne la conversione, così non fa violenza ai cristiani, per costringerli a occuparsi della conversione degli infedeli. La conversione sarà un atto di libertà e la volontà di ricondurre gli infedeli a Cristo sarà il libero apporto di ciascun cristiano all'opera di salvezza[3].

Nella concezione lulliana, ogni creatura è legata alle altre e nessuna potrà realizzare la propria finalità se non in relazione a tutte le altre. Dio ha dato agli uomini anche i mezzi per la realizzazione del loro fine: il volere, il potere, il sapere[4], che dovranno essere presenti in ciascuno, in maniera perfettamente equilibrata. Ogni volontà creata si interesserà alla diffusione del cristianesimo, e nessuno potrà pensare di aver portato a compimento il proprio dovere senza essersi occupato del bene e della salute di tutti[5]. I beni della Chiesa,

---

[2] I testi della Selezione antologica, scritti in epoche diverse, mostrano la persistenza di questo tema nell'ideale missionario lulliano. Cfr *infra*, Selezione antologica, *Libre de contemplació en Déu; Il Libro del Gentile e dei tre Savi*, La scoperta del Gentile dell'esistenza di tre fedi; *Doctrina pueril*, n. 12.

[3] Cfr. G. Valls, "L'ideale missionario del B. Raimondo Lullo, Terziario Francescano martire a Bugia (Africa 1315)", in *Studi Francescani*, 12 (1926), pp. 117-128.

[4] Cfr. *infra*, Selezione antologica, *Doctrina pueril*, nn. 1, 2, 3.

[5] «Il sentimento di responsabilità verso il prossimo accese in Ramon un'ansia di parola, un bisogno inesausto di essere testimone verbale della verità.

le oblazioni dei fedeli, le preghiere, la predicazione forniran-
no le energie necessarie, ma ognuno deve contribuire a far
aumentare il proprio potere, ricorrendo a Dio e a chi lo de-
tiene sulla terra e cercando di muovere tutti gli uomini all'a-
zione missionaria. Infine, il Papa e un dicastero, che sembra
anticipare la Congregazione *de Propaganda Fide*, dovranno
saper orientare le attività del mondo verso la conversione
degli infedeli:

> Per attuare la conversione degli infedeli è necessaria un'isti-
> tuzione così fatta: il signor papa e i signori cardinali affidino
> l'incarico ad un pio cardinale, di vita santissima, esperto nei
> sacri testi e esente e libero da ogni altra mansione concisto-
> riale. Con beni ecclesiastici siano costruiti fuori dei luoghi
> abitati, in località idonee ed amene, quattro monasteri dotati
> di rendite perpetue sufficienti, in modo tale che lì possano
> vivere, come ho detto, quelli che studiano le lingue e che ab-
> biano quantità sufficiente di libri e di insegnanti di quei libri.
> Le spese sarebbero modeste rispetto ai beni della chiesa. Ci
> sono infatti molti vescovi e prelati che potrebbero far questo
> ciascuno con la quinta parte dei propri redditi.[6]

Intendersi, conoscersi e capirsi si configurano come attività propedeutiche a un nuovo modello di conversione, non
più fondato sulla sterile confutazione delle ragioni della fede
dell'"altro", ma sull'argomentazione delle proprie.

La dolce sollecitudine di Francesco, in Ramon, divenne l'appassionata ricerca
del dialogo, il suo peculiare modo di "vegliare sull'altro". Questo discepolo della
pace, che trovò nel Cusano il suo naturale continuatore, è ancora oggi capace
di comunicarci forti emozioni, di suggerirci una via. Una via che troppo spesso
nella nostra contemporaneità evitiamo di intraprendere: quella del dialogo e
della responsabilità» (D. Mancini, "Strategie di approccio in Raimondo Lullo",
in *Analecta TOR*, 21 (1990), pp. 415-427, 426).

  [6] F. Porsia, *Progetti di crociata. Il De fine di Raimondo Lullo, op. cit.*, p. 149.

Comprendere per credere

La forma di insegnamento missionario che Lullo sugge-
riva partiva dall'idea che, per convertire gli uomini, era fondamentale conoscerne credenze, costumi e filosofia[7]. Così
Lullo propose instancabilmente una formazione del missionario il più completa possibile: conoscenza approfondi-
ta della dottrina cristiana e degli infedeli; conoscenza delle
lingue; conoscenza della nuova tecnica missionaria, basata
sulle ragioni necessarie. Con l'insegnamento del collegio di
Miramar fornì anche un modello di formazione missionaria. Ecco perché nelle sue petizioni o nelle opere dedicate
alla conversione degli infedeli insistentemente chiederà la
costituzione di cattedre di lingue orientali nei grandi centri
universitari, unitamente a una preparazione che permet-
tesse ai futuri missionari di adattarsi alla mentalità di coloro che intendevano ricondurre a Cristo. Una formazione
dottrinale incentrata su "come" convertire gli infedeli e su
"chi" essi siano, questione ancora oggi al centro del dibattito
scientifico. Gli studenti, che dovevano apprendere un modo
di esporre e difendere la dottrina cattolica, rendendola comprensibile agli interlocutori, dovevano anche essere pronti a

---

[7] Lullo può essere considerato come uno dei fondatori della scienza
missionaria intesa come "un'apologetica basata sull'etnografia". L'ideale
missionario lulliano, i princìpi teologici che lo hanno supportato, il metodo
dell'evangelizzazione che ne è scaturito – conoscenza delle religioni,
insegnamento missionario, dispute apologetiche, scambi culturali e progetti di
crociata – vengono trattati sinteticamente in un testo imprescindibile per lo studio
di questo argomento: R. Sugranyes De Franch, *Raymond Lulle Docteur des missions*,
Schöneck-Beckenried, 1954. In quest'opera è presente anche una traduzione, in
francese, del capitolo 346 del *Libre de contemplació en Déu*, dedicato alla conversione
degli infedeli, in cui Lullo getta le basi teologiche del suo progetto missionario. Su
questo suggestivo argomento cfr. S. Muzzi, "Raimondo Lullo e la base reale del
confronto interreligioso: il *Libre de contemplació en Déu* e il *Libre del gentil e dels tres
savis*", in M. Coppola, G. Fernicola, L. Pappalardo (ed.), *Dialogus. Il dialogo filosofico
fra le religioni nel pensiero tardo-antico, medievale e umanistico*, "Institutiones" 4, Città
Nuova, Roma 2014, pp. 395-413.

comprendere le ragioni dell'"altro" nel rispetto della libertà dei dialoganti[8]. Anche gli studi più recenti mostrano come Lullo cercasse di adottare i metodi espositivi e dimostrativi degli infedeli che con più urgenza minacciavano la Cristianità: i musulmani[9]. Secondo Lullo, i musulmani disprezzavano la fede dei cristiani perché non poteva essere provata: era dunque necessario che qualcuno, affrontata la fatica di apprendere la loro lingua e pronto a offrire la propria vita, mostrasse loro che la religione cristiana poteva essere sostenuta da prove.

> I Saraceni dicono che noi affermiamo che la nostra fede non ammetterebbe prove. Perciò la respingono senza neanche ascoltarla: non vogliono abbandonare un credo a favore di un altro. Anche in tal modo essi screditano fortemente la nostra fede.[10]

Dai contatti maiorchini, Lullo aveva compreso che il compito del *kalam*, la teologia musulmana, non era positivo ed esplicativo come quello della teologia cristiana, ma probativo e difensivo. Si trattava di un'apologetica condotta sul piano razionale, che non lasciava spazio al concetto di mistero; una teologia razionale che doveva comprendere, spiegare e motivare il Corano e la Sunna con l'aiuto della ragione.

---

[8] La grandezza spirituale di Raimondo Lullo e il suo senso pratico di missionario sono individuati, da D. Mancini, proprio nel suo continuo tentativo di allargare il proprio punto di vista. Cfr. D. Mancini, "Ramon Llull: un profeta dei tempi nuovi", in *Analecta TOR*, 24 (1993), pp. 149-163.

[9] Per cogliere la portata dell'approccio lulliano, cfr. J. Gajà Estelrich, *Raimondo Lullo. Una teologia per la missione*, op. cit.; D. Urvoy, "Fins a quin punt el pensament de Ramon Llull va estar marcat per la seva relació amb l'islam?", in M.-À. Roque (ed.), *Ramon Llull i l'islam. L'inici del diàleg*, "Orígens" 129, La Magrana, Barcelona 2008, pp. 29-47; cfr. nello stesso volume A. Fidora, "Combinatòria i reciprocitat: una nota sobre la vigència de l'Art lulliana", pp. 196-203.

[10] F. Porsia, *Progetti di crociata. Il* De fine *di Raimondo Lullo*, op. cit., p. 151.

Dunque, una teologia nata dal dialogo tra intellettuali che avevano rafforzato le proprie argomentazioni per difenderle contro gli avversari, poteva essere messa in discussione solo in via dimostrativa.

Ragione e fede

Perché il dialogo con gli appartenenti alle altre religioni fosse produttivo, Lullo suggerì di porsi su un piano che potesse essere accettato da tutti e di partire da ciò che le tre grandi religioni avevano in comune: l'eredità intellettuale del pensiero greco. Il contatto con la filosofia greca, con la logica, la filosofia della natura, la metafisica, era stato, per le religioni del Libro, l'incontro con un pensiero fortemente razionale e con diverse modalità di porre questioni "problematiche".

> Il pensiero filosofico è spesso l'unico terreno d'intesa e di dialogo con chi non condivide la nostra fede. (…) Tale terreno d'intesa e di dialogo è oggi tanto più importante in quanto i problemi che si pongono con più urgenza all'umanità – si pensi al problema ecologico, al problema della pace o della convivenza delle razze e delle culture – trovano una possibile soluzione alla luce di una chiara ed onesta collaborazione dei cristiani con i fedeli di altre religioni e con quanti, pur non condividendo una credenza religiosa, hanno a cuore il rinnovamento dell'umanità.[1]

Lullo cercò di mostrare come l'attività filosofica non fosse incompatibile con il metodo e l'attività missionaria. È raro incontrare missionari che si sono avvalsi della filosofia come metodo di evangelizzazione. L'apostolo di Maiorca,

---

[1] Giovanni Paolo II, *Fides et ratio*, Lettera enciclica ai Vescovi della Chiesa cattolica circa i rapporti tra fede e ragione, 14 settembre 1998.

per realizzare il suo ideale, cercò di trasformare il missionario in un filosofo, alla ricerca di una verità salvifica e impe-
gnato nel tentativo di individuare il metodo più efficace per
comunicarla e renderla accessibile ai più. La sua esperienza
lo aveva persuaso che credenti di fedi diverse potessero essere convinti solo dalla ragione, dono di Dio agli uomini. La
fede come strumento divino e la ragione come strumento
umano non si opponevano nella loro attività, ma una fede
non poteva essere provata attraverso la fede. Il fine del missionario era la conversione alla fede ma, in quanto essere
razionale, si serviva della ragione per facilitare il raggiungi-
mento del fine. Il ricorso alle autorità delle varie religioni o
ai loro testi sacri o ai miracoli avrebbe bloccato sul nascere
qualsiasi tentativo di dialogo[2]. Il medesimo esito si sarebbe
avuto non riconoscendo a ogni religione la possibilità di
contenere degli elementi veritativi. Non poteva instaurarsi
un dialogo tra credenti convinti di possedere l'unica verità:
nelle loro discussioni doveva essere la ragione e non la fede
ad assurgere a criterio di verità. La fede nei rispettivi Libri
rivelati divideva i credenti delle tre religioni monoteiste; di
qui, la necessità di individuare una base di partenza, costruita con un procedimento "lulliano" appropriato, su ciò che
sia la religione ebraica, che cristiana che islamica ricono-
scono: l'esistenza di Dio e dei suoi attributi[3]. Nessuno degli
interlocutori potrà rifiutare i fondamenti di un tale metodo;
tutti si troveranno in una situazione di parità e di tranquil-
lità, che deriva dal partire da elementi di convergenza, che
uniscono e non dividono. L'accettazione iniziale di questi

---

[2]   Cfr. *infra*, Selezione antologica, *Doctrina pueril*, n. 12.
[3]   Una chiarificazione, con un'efficace rappresentazione iconica, di questa
fondamentale intuizione è stata sviluppata da A. C. Mayer, "Ramon Llull i el
diàleg indispensable", in M.-À. Roque (ed.), *Ramon Llull i l'islam. L'inici del diàleg*,
op. cit., pp. 48-60.

elementi comuni avrebbe dovuto portare gli interlocutori ad accettarne anche le conseguenze logiche, i dogmi che Lullo intendeva "dimostrare":

> Iniziare nella concordia è più efficace che iniziare nel contrasto, iniziare disputando contro gli infedeli e concordando nelle dignità di Dio e nelle ragioni necessarie, è più utile che guerreggiare soltanto contro gli infedeli contrastandoli con la spada corporale, strappando loro la terra che occupano e uccidendoli.[4]

Gli attributi che descrivono Dio nella sua interezza: bontà, grandezza, eternità, potenza, sapienza, volontà, virtù, verità e gloria, sono chiamati da Lullo anche "dignità divine" e, dal momento che appartengono a Dio necessariamente, vengono nominati "ragioni necessarie". Le ragioni necessarie sono le armi della teologia lulliana e della sua filosofia dell'azione e del combattimento spirituale.

Nella metafisica lulliana, una metafisica dell'esemplarismo, Dio e le dignità divine sono la causa e l'archetipo delle perfezioni create; tutte le creature, secondo la loro capacità ricettiva, mostrano la loro "somiglianza" divina: nella bontà della creatura, ad esempio, è significata la bontà di Dio. L'universo è un sistema di segni della realtà di Dio, nascosti dietro il mondo delle cose create. Su queste basi Lullo elaborerà le strutture logico-matematiche della sua Arte combinatoria[5], che trova la sua spiegazione nei propositi missionari dell'autore, ma che mirava anche all'unificazione di tutte le scienze e le arti della cultura medievale. Secondo

---

[4] R. Lullo, *Tractatus de modo convertendi infideles*, in F. Porsia, *Progetti di crociata. Il De fine di Raimondo Lullo, op. cit.*, p. 105.

[5] Cfr. *infra*, Selezione antologica, *Arte breve*.

alcuni interpreti del pensiero lulliano[6], il Maiorchino aveva concepito la sua nuova scienza proprio per mostrare come la ragione potesse guidare un dialogo – inclusivista – tra le religioni e codificarne le regole. Il metodo sviluppato nel "libro migliore del mondo" contro gli errori degli infedeli, che Dio gli aveva ispirato, doveva mostrare l'indole razionale del cristianesimo. Gli articoli di fede non saranno provati ricorrendo a cause superiori, ma solo sulla base dell'uguaglianza e della comparazione delle dignità divine mediante la dimostrazione *per aequiparantiam*[7]. Anche se nella pratica non corrisponderà alla fiducia che in esso aveva riposto il suo inventore, si tratta di un metodo che tende al dialogo: gli infedeli devono essere messi in condizione di partecipare a un aperto confronto sui misteri cristiani della Trinità e dell'Incarnazione, le due questioni che costituiscono gli ostacoli principali alla loro conversione[8]. Il proposito di

---

[6] Cfr. A. Fidora, "Ramón Llull frente a la crítica actual al diálogo interreligioso: el arte luliana como propuesta para una 'filosofía de las religiones'", in *Revista Española de Filosofía Medieval*, 10 (2003), pp. 227-243.

[7] Cfr. *infra*, Selezione antologica, *Il Libro del Gentile e dei tre Savi*, Un esempio di argomentazione attraverso i fiori degli alberi.

[8] Per portare l'infedele al riconoscimento della Trinità e dell'Incarnazione, Lullo era ricorso: al concetto anselmiano di Dio, cui corrisponde la massima perfezione nell'ambito dell'essere e dell'agire; ai princìpi assoluti, le dignità divine, che possono essere affermati sia di Dio che dell'uomo, creando tra questi ultimi delle corrispondenze analogiche; ai princìpi relativi, come modelli di relazione tra tutte le cose che esistono; ai correlativi, dispiegamento delle forme nominali dei verbi transitivi (participio presente per la forma attiva, participio passato per la forma passiva, infinito per la correlazione). Alle dignità divine possono essere attribuiti per tutta l'eternità atti intrinseci in maniera che Dio sia infinitamente attivo e fruttuoso: non sono solo princìpi dell'essere, ma anche princìpi di azione. Poiché tutte le azioni presuppongono un principio, un oggetto e un legame tra loro, Lullo parla di tre correlativi che sono presenti nell'operare di ciascuna dignità. Stabilisce, inoltre, che questi tre momenti siano in grado di descrivere i princìpi ontologici di tutta la realtà. Infine, i correlativi rappresentano una tecnica tattico-dialettica: per crearli, Lullo si servì anche dell'arabo, per la ricchezza di nomi di azione e la possibilità di trasformarli in forme nominali del verbo o in aggettivi.

Lullo era di mostrare, attraverso le ragioni necessarie, come i misteri cristiani partecipassero della struttura dell'universo, imperfetto e incompleto senza di essi. L'infedele alla sincera ricerca della vera fede non potrà rifiutare i dogmi cristiani, così mostrati, né riconoscere, come vere, asserzioni ad essi contrarie. Sollecitazioni che, dopo la sua morte, saranno alla base della campagna anti-lulliana, mossa soprattutto dai domenicani. In realtà, Raimondo Lullo credeva nell'efficacia della ragione nell'ambito della conoscenza religiosa; la ragione lulliana, infatti, aiuta la fede ed è aiutata da quest'ultima. Siamo lontani dalla ragione autonoma del pensiero moderno.

Un'impostazione unilaterale, tendente ad esaltare la fede a discapito della ragione, verrebbe ad annullare alle radici le possibilità del dialogo, infatti l'assenso religioso sarebbe ridotto a mero assenso fideistico, slegato da qualsiasi ragionevolezza o convenienza intellettuale. (...) Il razionalismo estremo paralizza anch'esso il dialogo, poiché l'evidenza epistemologica delle dimostrazioni e la necessità delle leggi razionali mostrano con chiarezza ineluttabile i risultati dei ragionamenti, rendendo superfluo ogni apporto dialogico. (...) Lullo, anche in questi scritti di natura epistemologica, non perde mai di vista la finalità pratica ed eminentemente missionaria di un equilibrato rapporto tra fede ed intelletto, al punto che sviare gli errori del razionalismo e del fideismo sortisce un duplice effetto assai benefico: da un lato, è indispensabile per conservare ed edificare il popolo cristiano, ma dall'altro costituisce il presupposto per distruggere gli errori degli infedeli e ricondurli sui sentieri della verità.[9]

---

[9] A. Francia, "Raimondo Lullo: filosofo del dialogo", in *Frate Francesco*, 70/2 (2004), pp. 315-364, 333-334.

Il Libro del Gentile e dei tre Savi

Il Maiorchino dedicherà un'attenzione particolare a descrivere le condizioni ideali in cui si dovrebbe svolgere il confronto tra credenti. La parte iniziale de *Il Libro del Gentile e dei tre Savi* descrive con precisione il clima psicologico che, secondo Lullo, avrebbe dovuto portare a un dialogo suscettibile di futuri sviluppi. Rispetto, benevolenza, comprensione devono animare gli interlocutori, che desiderano approfondire la verità della propria e della religione degli altri. In questo "dialogo sul dialogo significativo" compaiono il rispetto di Lullo per l'alterità e il dialogo come apertura all'altro e apertura a Dio. Tre Savi, che rappresentano le tre religioni monoteiste, si allontanano da una città per dialogare. Dopo aver cercato di dimostrare a un pagano la verità delle loro rispettive fedi, si lasciano da buoni amici con la promessa di incontrarsi ancora, per tentare di giungere, tramite «ragioni necessarie e buona volontà», a un'unica fede.

Il rancore e la malevolenza, causati dalla varietà delle credenze e delle sette, spingono gli uomini a combattere tra loro[10]. Nel *Libro*, che Lullo scrisse tra 1274 e 1276 inizialmente in arabo e successivamente in catalano, l'ebreo, il cristiano e il musulmano godono di pari dignità. Il loro è un dialogo che, accantonando l'analisi dei testi, li impegna sul terreno della loro esperienza, del loro essere: l'apertura all'"altro" è reciproca, al punto tale da renderlo soggetto, latore e fonte di arricchimento. Lodevoli sono le formule complimentose, che i Savi usano nello stabilire l'ordine degli interventi. Una volta raggiunti dei punti di piena concordanza, gli interventi successivi acquisiscono come valide alcune delle posizioni trattate in precedenza da un

---

[10] Cfr. *infra*, Selezione antologica, *Il Libro del Gentile e dei tre Savi*, I tre Savi e l'incontro con il Gentile.

altro interlocutore. Nessuno degli interlocutori dovrà essere interrotto o offeso in alcun modo[11], circostanza che caratterizza l'opera come esempio di superamento degli inconvenienti generati dalle discussioni, animate da spirito di sopraffazione. Alla fine, il pagano si mostra pieno di spirito religioso, ma i tre Savi non vogliono sapere quale religione abbia scelto, per non compromettere la continuazione del dialogo. Ad ognuno degli interlocutori viene lasciata la possibilità di rimanere, alla fine di un dialogo così condotto, sulle proprie posizioni. L'accettazione dell'altro non è vista come un'approvazione incondizionata: il dialogo è fondato proprio sulla complementarietà delle coscienze[12].

---

[11] Cfr. *infra*, Selezione antologica, *Il Libro del Gentile e dei tre Savi*, La scoperta del Gentile dell'esistenza di tre fedi.

[12] La ricerca di «una parola comune tra noi e voi» ha caratterizzato esperienze a noi più vicine. Per esempio, è importante ricordare che il primo incontro del Forum cattolico-islamico, svoltosi a Roma nel novembre del 2008, venne dedicato al tema "Amore di Dio, Amore del prossimo". Durante l'incontro, ciascuna parte fu chiamata a presentare un riassunto della propria tradizione religiosa su questo argomento. Il II seminario, del 2011, fu incentrato su "La persona umana alla luce della ragione". Il lavoro comune tra cristiani e musulmani, che era culminato nella costituzione del Forum cattolico-islamico, è sintetizzato in J. L. Tauran, "Da Ratisbona ad Amman e oltre", in *Oasis*, 8 (2012), pp. 89-92.

Un dialogo tra somiglianti e un'Arte per convertire gli infedeli

Da fine comparatista, Raimondo Lullo oltre alle identità coglie anche le differenze fra i tre credo religiosi: interlocutori su posizioni diverse possono dialogare, allo scopo di giungere a un punto di intesa. Tutti possono essere leali interlocutori: ebrei, musulmani, tartari, cristiani orientali, cristiani la cui fede è in dubbio, laici. Tutti possono incoraggiare un «dialogo tra somiglianti», in quanto tutte le creature recano in sé il sigillo delle dignità di Dio, la somiglianza divina, e tutte hanno pari dignità, anche se differiscono per religione. Tutte le cose che Dio ha creato sono fatte a somiglianza delle sue dignità. È proprio la metafisica esemplarista a garantire l'infallibilità della logica lulliana, che è connessa alla realtà e non ai discorsi.

L'arte lulliana si presenta come saldamente connessa alla conoscenza degli oggetti che costituiscono il mondo. A differenza della cosiddetta logica formale ha a che fare con le cose e non solo con le parole, è interessata alla struttura del mondo e non solo alla struttura dei discorsi. Una metafisica esemplaristica o un simbolismo universale sta alla radice di una tecnica che presume di poter parlare, insieme e contemporaneamente, di logica e di metafisica, di enunciare le regole che sono alla base dei discorsi e le regole secondo le quali è strutturata la realtà. Ma la scomposizione dei concetti composti in nozioni semplici e irriducibili; l'impiego di lettere e di simboli per indicare le nozioni semplici; la meccanizzazione delle combinazioni tra i concetti operata per mezzo delle figure mobili; l'idea di un linguaggio artificiale e perfetto (superiore al linguaggio comune e a quello delle singole scienze); la identificazione dell'arte con una specie di meccanismo concettuale che, una volta costruito, è assolutamente indipendente dal soggetto: questi caratteri dell'*ars combinatoria* han fatto sì che storici insigni, dal Bäumker al Gilson, abbiano avvicinato – e non erroneamente – la combinatoria alla moderna logica formale.[1]

La dottrina delle dignità, quella dell'esemplarismo divino e la convertibilità delle dignità sono i motivi ispiratori dell'Arte. Quando Dio liberamente[2] decretò di creare l'universo, intervennero tutte le dignità, imprimendo il loro sigillo, in modo tale che tutto l'essere e tutta l'attività dell'universo creato non fossero altro che l'imitazione dell'essere e delle attività delle dignità divine. I princìpi reali dell'essere e dell'attività delle cose create possono essere convertiti nei princìpi della loro intelligibilità, nei princìpi logici che ci portano alla conoscenza dell'essere e della vita divina, come dell'essere e dell'attività del mondo creato. Per questo, l'Arte può essere il metodo per convertire gli infedeli alla vera religione e per dimostrare tutte le verità in gene-

---

[1] P. Rossi, *Clavis universalis. Arti della memoria e logica combinatoria da Lullo a Leibniz*, Il Mulino, Bologna 1983, pp. 68-69.

[2] «Con Lullo si celebra il trionfo francescano della libertà come trascendenza, sorgente di tutto ciò che è, voluto e realizzato con tutta la sapienza che conviene a colui che Duns Scoto aveva qualificato come *pelagus omnium perfectionum*» (O. Todisco, "Lo spazio teoretico come spazio di libertà. La lezione filosofica del francescano Raimondo Lullo", *op. cit.*, p. 539).

rale[3]. Dio, causa dell'essere dell'universo, è anche ragione della sua intelligibilità grazie all'illuminazione divina. È possibile ascendere alla conoscenza di Dio, partendo dalla sua somiglianza nelle dignità impresse nelle creature. L'intelletto, arricchito di nuova luce e nuova virtù, discenderà poi da questa conoscenza a quella dell'universo creato, specchio delle perfezioni divine[4].

---

[3] Sull'esemplarismo divino come fondamento dell'intelligibilità dell'universo, cfr. B. Mendía, "La apologética y el Arte lulianas a la luz del agustinismo medieval", in *Estudios Lulianos*, 22 (1978), pp. 209-239. L'esemplarismo elementare, in cui gli elementi funzionano metaforicamente nell'etica e nella sfera della teologia per spiegare ai saraceni la teologia cristiana, è trattato da F. A. Yates, *Raimondo Lullo e la sua Arte. Saggi di lettura*, ed. S. Muzzi, "Medioevo" 18, Centro Italiano di Lullismo, Antonianum, Roma 2009.

[4] Il *Libre de contemplació en Déu* insegna che le creature possono essere una scala verso il Creatore. L'opera segna anche l'inizio della letteratura catalana e costituisce la preistoria della lulliana *Art abreujada d'atrobar veritat*; cfr. J. E. Rubio, *Les bases del pensament de Ramon Llull. Els orígens de l'Art lulliana*, "Biblioteca Manuel Sanchis Guarner" 35, Publicacions de l'Abadia de Montserrat, Valencia-Barcelona 1997.

Dare e ricevere: scambi non scontri

Tra le piste di ricerca indicate da Lullo c'è anche la giusta valorizzazione della dialettica del "dare e ricevere", come esige la prassi dell'evangelizzazione: cercò di promuovere lo scambio di idee e di metodi educativi[1]. È riconosciuto che Lullo imparò dai saraceni: l'educazione igienica; la loro dietetica e il modo di vestire; l'educazione affettiva, come veniva insegnata dai sufi; l'educazione professionale. I musulmani agli occhi di Lullo rispondono meglio alle esigenze del culto e iniziano le loro lettere con un'invocazione a Dio e ai profeti, elementi che contrastavano con il modo, ormai distaccato, con cui veniva vissuta la religione cristiana. Essi, nei luoghi di culto, hanno un comportamento più conveniente rispetto a quello che caratterizza i cristiani all'interno dei propri. Lullo desiderava che i missionari cattolici riconoscessero e assimilassero ciò che di valido vi era presso gli infedeli e gli eterodossi. Scambi tra cristiani, ben formati e conoscitori della lingua araba, e saraceni, adeguatamente preparati, vengono proposti a Federico III re di Sicilia: i cristiani si sarebbero dovuti recare a Tunisi, per esporre la verità della loro fede, e i saraceni nel regno di Sicilia.

Mentre Raimondo si trovava in queste riflessioni, si propose di recarsi dal molto nobile e virtuoso signore Federico, re di Trinacria, perché questi, conosciuto come fonte di devozio-

---

[1] Cfr. G. Rizzardi, "L'evangelizzazione dell'Islam secondo Raimondo Lullo", in *Studi francescani*, 84 (1987), pp. 217-232.

ne, congiuntamente con il molto alto e potente re di Tunisi,
disponesse che cristiani ben preparati e che padroneggiano
la lingua araba, andassero a Tunisi, per esporre la verità della fede mentre, a loro volta, saraceni ben preparati venissero
nel regno di Sicilia per discutere sulla loro fede con i sapienti
cristiani. Forse con questo metodo, generalizzato per tutto
il mondo, potrebbe farsi la pace fra cristiani e saraceni, in
modo che né i cristiani vadano a distruggere i saraceni, né i
saraceni i cristiani.[2]

Lullo quindi credeva fermamente nella conversione universale al cristianesimo ed era convinto di aver trovato un
metodo infallibile per realizzarla. Nonostante le avversità e le
delusioni cui andò incontro, continuò la sua ricerca e la sua
attività. Era cosciente di essersi lanciato in un'impresa troppo
grande per essere condotta da solo; le sue continue richieste di aiuto, il suo impegno e i suoi scritti non bastavano a
sensibilizzare i responsabili di una situazione che vedeva la
Cristianità accerchiata dagli infedeli e investita da una nuova
ondata di propaganda per la crociata.

Dopo la dolorosa caduta dell'ultimo baluardo della Cristianità in Oriente, San Giovanni d'Acri (1291), troviamo
Lullo tra i numerosi autori di libri e di opuscoli che miravano
a mostrare le caratteristiche di una nuova spedizione[3].

---

[2]   R. Lullo, "*Liber de participatione christianorum et sarracenorum*", in J. Gajà
Estelrich, *Raimondo Lullo. Una teologia per la missione, op. cit.*, p. 34.

[3]   Per quanto riguarda gli studi sulla missione e la crociata nella dottrina
lulliana, cfr. R. Sugranyes de Franch, *Raymond Lulle Docteur des missions, op. cit.*;
J. Perarnau i Espelt, "La còpia manuscrita medieval de les tres lletres de Ramon
Llull demanant al rei, a un prelat de França i a l'Estudi de París l'establiment
d'escoles de llengües", in *Arxiu de Textos Catalans Antics*, 21 (2002), pp. 123-218,
con una nota riassuntiva dei numerosi studi incentrati su questo argomento; Id.,
"Consideracions sobre el tema Missió i Croada en Ramon Llull dins publicacions
recents", in *Arxiu de Textos Catalans Antics*, 22 (2003), pp. 561-578; P. D. Beattie,
"*Pro exaltatione sanctae fidei catholicae*: Mission and Crusade in the Writings of

Nel *Libre de contemplació en Déu* aveva criticato profondamente la condotta dei cavalieri; per loro aveva scritto un manuale di educazione cavalleresca e un codice dei diritti e degli obblighi del perfetto cavaliere[4]. Molti dei nobili partiti per riconquistare la Terra Santa avevano tentato invano l'impresa, come se questa non fosse stata voluta da Dio. La causa dei fallimenti era stata individuata da Lullo nel fatto che alcuni avevano combattuto più per se stessi che per Dio.

La responsabilità degli insuccessi riguardava però tutti i cristiani; in quest'ottica aveva sempre sostenuto una riforma a tutti i livelli della società e della Chiesa. Se gli infedeli si rifiutano di partecipare a un dialogo adeguatamente preparato e condotto o se le condizioni non permettono a missionari ben formati di svolgere il loro compito, allora i cristiani possono obbligarli ad accettare un confronto: è meglio primeggiare sugli infedeli con la discussione, convincerli con gli attributi divini e con le ragioni necessarie, che fargli guerra, trafiggendoli con le spade e spogliandoli delle loro terre; ma, in ultima analisi e in caso di offesa, si potrà ricorrere anche alle armi. Questa apparente contraddizione, legata alle condizioni del momento e al tipo di pubblico cui le sue parole erano destinate, nasceva dalla profonda fiducia che Lullo

---

Ramon Llull", in L. J. Simon (ed.), *Iberia and the Mediterranean World of the Middle Ages. Studies in Honor of Robert I. Burns S.J.*, E.J. Brill, Leiden-New York 1995, pp. 113-129; F. Domínguez Reboiras, "Introducción a *Liber de Passaggio*", in Raymundus Lullus, *Liber de Passaggio (Quomodo Terra Sancta recuperari potest et Tractatus de modo convertendi infidelis, Romae 1292)*, "Raymundi Lulli Opera Latina", voll. 49-52, ed. B. Garíe, F. Domínguez Reboiras, Brepols, Turnhout 2003, pp. 255-358; F. Domínguez Reboiras, "La idea de cruzada en el *Liber de passaggio* de Ramon Llull", in *Patristica et mediaevalia*, 25 (2004), pp. 45-47; G. Ensenyat, "Pacifism and Crusade in Ramon Llull", in *Ramon Llull and Islam, the Beginning of Dialogue / Ramon Llull y el islam, el inicio del diálogo*, "Quaderns de la Mediterrània" 9 (2008), pp. 137-144.

    [4] Di questo testo abbiamo una traduzione italiana: R. Lullo, *Libro dell'ordine della cavalleria*, Edizioni Francescane, Roma 1972 (riedizione: Edizioni Arktos, Carmagnola 1983, pp. 53-183).

aveva nell'efficacia della sua Arte: tutti gli uomini di buona fede aderiranno liberamente ai dogmi cristiani, se questi saranno loro presentati seguendo il suo metodo razionale. La perdita dell'ultimo baluardo dei possedimenti latini in Terra Santa e i vari tipi di uditorio cui si rivolgeva – quello della società pluralistica di Maiorca, diverso da quello più intollerante di Parigi, o i pontefici romani sostenitori dell'idea di crociata – gli faranno integrare il discorso sulla missione con quello sulla crociata. L'originalità delle opere di Lullo consiste nel suo continuo tentativo di unire ai progetti missionari i progetti di una crociata al servizio della missione. Lo si vedrà discutere di strategie militari, di itinerari da far seguire agli eserciti, come prima lo si era visto sostenere la necessità impellente di un dialogo sulle differenze teologiche, che rendono difficile l'opera di conversione. Gli eserciti dovranno essere accompagnati da predicatori e teologi, da «artefici della pace», la cui realizzazione sarà un'applicazione della dottrina dell'amore lulliana. La fiducia nella concreta possibilità di tale realizzazione si coglie nell'ottimismo che traspare in tutti i suoi scritti. Studi approfonditi mostrano come per Lullo la conversione degli infedeli, secondo il metodo di Cristo e degli Apostoli, doveva passare attraverso le scuole di lingue e, da un certo momento in poi, attraverso la riconquista di una terra che gli antichi possessori avevano il diritto di recuperare, dopo che era stata invasa con le armi. Ma il primato spetta sempre alla crociata intellettuale[5]. L'intuizione fa del Figlio

---

[5] A uno degli incontri annuali del Centro Italiano di Lullismo, tenutosi a Roma presso la Scuola Superiore di Studi Medievali e Francescani della Pontificia Università Antonianum, il Prof. Josep Perarnau ha delineato un tema che ha poi portato avanti nelle sue lezioni pubbliche: «Il capitolo 346 del *Libre de contemplació en Déu* riassume quelle che sono le basi teologiche del progetto missionario di Raimondo Lullo: Dio vuole la conversione degli infedeli, non la loro distruzione; desidera che si segua la strada indicata da Cristo e dagli Apostoli, che accettano il martirio senza fare altri martiri. La violenza è totalmente estranea

maggiore di Maiorca il campione di una nuova cavalleria di tipo intellettuale, addestrata nel dialogo e nell'Arte. D'altra parte, non v'è dubbio che il parallelismo tra le armi materiali e quelle spirituali, eco, per alcuni, dell'educazione cavalleresca ricevuta, giocò un ruolo importante nella sua opera. Gli studi sul *Liber de passaggio*[6], scritto nel 1292 e presentato a papa Nicola IV, mostrano come Lullo avesse cercato di convincere il Papa della necessità di fare della crociata un'impresa missionaria, in cui i missionari dovevano conoscere le lin-

---

a tale processo di conversione e, qualora vi rientrasse, non si tratterebbe più di un processo cristiano. Solo nel caso di difesa necessaria la violenza può essere considerata legittima nel cristianesimo. La strada per realizzare concretamente la teologia della missione sono le tre scuole lulliane proposte nel *Liber contra Anticrist*, che potrebbero essere definite scuole di serie A, di serie B, di serie C. La scuola di serie A è l'unica che è realmente esistita. Si tratta della scuola di Miramar, una scuola per la formazione dei cristiani che si preparano a diventare missionari, pronti ad accettare il martirio. La scuola di serie B non è mai esistita. Consisteva nella proposta fatta a Federico III di Sicilia perché disponesse che cristiani, ben preparati e conoscitori della lingua araba, andassero a Tunisi per esporre le verità della loro fede, mentre saraceni ben preparati dovevano recarsi in Sicilia per discutere della propria. Così che i saggi musulmani potessero comprendere l'essenza della dottrina cristiana ed essere in grado di spiegarla a loro volta. La scuola di serie C, infine, è stata pensata per i bambini non cristiani che vivevano in paesi cristiani, perché venisse loro spiegato quello che realmente credono i cristiani. Questa è la teologia missionaria di Lullo e la sua proposta fino alla caduta di San Giovanni d'Acri, momento in cui papa Nicola IV prepara un piano di difesa all'attacco dei musulmani: la crociata doveva partire il giorno di san Giovanni del 1293. Tutte le province ecclesiastiche dovevano dargli il loro parere ed il loro contributo; auspicava inoltre l'unione degli Ordini militari in un unico Ordine. Il Papa chiedeva anche il parere di tutti i fedeli. Questa era per Lullo una buona occasione per essere ascoltato: a Nicola IV Lullo offrì il *Tractatus de modo convertendi infideles,* che, composto per papa Onorio IV, non conteneva nessuna indicazione sulla crociata. Lullo vi aggiunse due capitoli iniziali sulla crociata armata – per terra e per mare – come risposta alle richieste del papa francescano. Non deve destare meraviglia che un cristiano abbia scritto tali cose sulla crociata "sanguinosa", perché erano state scritte nel 1292, in risposta a un attacco subito e a una esplicita richiesta. Nel programma di Lullo, quindi, l'ipotesi di violenza è in senso difensivo; nel caso di San Giovanni d'Acri risponde alle domande del Papa» (S. Muzzi, "Cronaca del V incontro del Centro Italiano di Lullismo", in *Antonianum,* 81/3 (2006), pp. 590-596).

   [6] F. Domínguez Reboiras, "Introducción a *Liber de Passaggio", op. cit.*

gue dei popoli interessati dalla spedizione. La truppa doveva essere armata di ragioni necessarie e pronta ad affrontare il martirio; doveva essere fornita di testi sulla controversia religiosa secondo il metodo lulliano. La crociata armata rientrava nell'azione difensiva della Chiesa, congiuntamente alle azioni di preservazione della fede e di volgarizzazione della scienza. L'azione offensiva, invece, rientrava nell'azione missionaria propriamente detta, affidata a missionari preparati.

La magia della parola

Raimondo Lullo fu sempre attento anche alla popolarizzazione del sapere e dell'istruzione: scrisse di temi teologici in lingua volgare; ricorse alla versificazione, per propagandare la fede; cercò di semplificare e perfezionare il suo artificio logico, perché fosse uno strumento infallibile di facile utilizzo per qualsiasi persona. Ottenne mandati di presenza obbligatoria ai sermoni, nelle zone in cui i musulmani e gli ebrei erano sottomessi al dominio cristiano; questo garantiva loro la possibilità di ascoltare un'esposizione chiarificatrice della dottrina cristiana. Fu considerato un rappresentante dello Scolasticismo popolare per le origini della sua opera e per i tentativi di rendere più comprensibile il suo metodo mediante le figure e la forma dialogica. La sua didattica popolare si basò sulla rima e sui proverbi, per facilitare la memorizzazione. Aprì ai laici temi che prima erano loro preclusi a causa della lingua cui erano affidati. Fu uno dei primi in Europa a tentare un abbozzo di romanzo filosofico-sociale in una lingua che non fosse il latino. Estese ai laici le sue preoccupazioni di riforma religiosa, morale, politica e sociale, e sottolineò il loro ruolo come possibili soggetti delle attività missionarie.

Tuttavia, il carattere razionale della sua apologetica delle ragioni necessarie, nonostante le semplificazioni apportatevi, non rendeva quest'ultima adatta a quanti mancavano di un'adeguata formazione religiosa e intellettuale. Così, nella prima missione a Tunisi, il Maiorchino mise in atto una forma di apostolato intellettuale, disputando solo con gli esperti della religione islamica. Guadagnate alla religione cristiana le autorità e la classe colta, il popolo si sarebbe convinto più facilmente. Un dialogo di indole speculativa è anche quello che Lullo riuscì a portare avanti con il muftì a Bugia, che lo salvò dalla pena di morte. Con finezza psicologica riconobbe le difficoltà che si incontrano nell'evangelizzare il popolo, a volte ciecamente legato a una fede ereditata dai genitori[1]: la dottrina cattolica dovrà essere presentata senza violenza o collera e ripetuta con pazienza. Comprese che «tutte le culture e tutte le civiltà sono dinamiche, tutte in uno stadio di sviluppo destinato a divenire». Auspicò che si stabilisse un forum di dialogo permanente: il dialogo non è qualcosa da invocare nei momenti di emergenza o di crisi, ma deve essere un'attitudine permanente, risultato di un modo di essere[2].

> Al termine della discussione i tre saggi si impegnano ad incontrarsi ogni giorno per aiutarsi vicendevolmente nella scoperta della verità, invece di punzecchiarsi l'un l'altro come facevano solitamente i professionisti della controversia.[3]

> Alla fine quel che resta è la povera arma della parola. L'ultima arma di Lullo è il dialogo inerme. Vi è in questa scelta qualcosa di tragico, ma anche qualcosa di eterno. (...) Riconoscere la sincerità della fede dell'altro, saper assumere il suo modo di vedere le cose e credere fermamente nella forza

---

[1] Cfr. *infra*, Selezione antologica, *Il Libro del Gentile e dei tre Savi*, Del commiato che i tre Savi presero dal Gentile.

[2] Cfr. E. Jaulent, "Fundamentos epistemológicos del diálogo luliano", in *Anales del Seminario de Historia de la Filosofia*, 20 (2003), pp. 33-50.

[3] B. Orizio, "Orientamento comparativo della pedagogia missionaria di Raimondo Lullo", in *Estudios Lulianos*, 23 (1979), pp. 137-153, 152.

disarmata della parola, mi sembrano tre spunti lulliani che sono ancora oggi di grande attualità.[4]

Cercò di organizzare un piano di comunità universale, che sembra anticipare la Società delle Nazioni, con l'idea di un arbitraggio permanente e obbligatorio, che lo ha fatto considerare uno dei primi paladini dell'internazionalismo pacifista[5].

Vide e descrisse il Mediterraneo come «il mare dell'unico Dio e delle molte comunità di credenti», invitandoci a considerare necessaria la conoscenza e lo studio dei mondi religiosi, che si affacciavano sulle sue sponde.

L'aprirsi alla diversità con amore e tolleranza, mettendo in campo la magia della parola, ecco il messaggio cristiano e umano che ci lascia Ramon, uno dei medievali più contemporanei mai esistiti.[6]

---

[4] M. Bartoli, "Identità e dialogo: Raimondo Lullo e l'attuale dibattito sull'incontro tra le religioni", in *Frate Francesco*, 74 (2008), pp. 199-208, 208.

[5] Cfr. F. De Urmeneta, "El pacifismo luliano", in *Estudios Lulianos*, 2 (1958), pp. 197-208.

[6] D. Mancini, "Strategie di approccio in Raimondo Lullo", in *Analecta TOR*, 21 (1990), pp. 415-427, 427.

Selezione antologica

La chiarificazione delle categorie linguistiche e concettuali, applicate da interlocutori appartenenti a confessioni religiose differenti, costituisce la base del confronto interreligioso nei testi qui analizzati. L'antologia rivelerà il modo in cui il catalano di Maiorca si accosta alla società medievale, nelle sue relazioni con le diverse leggi, utilizzando una tecnica innovativa.

Libre de contemplació en Déu[1]

Signore glorioso! Come l'intelletto (N) intende ciò che il significato di Gesù Cristo (B) gli dimostra di Gesù Cristo (A), e la memoria ricorda che la santa Trinità e la santa Incarnazione, che il significato di Gesù Cristo (B) dimostra di Gesù Cristo (A), non sono in ciò che i saraceni e gli ebrei credono che noi crediamo di Gesù Cristo (A), così l'intelletto (N) intende che il contrasto tra noi e loro deriva dal fatto che loro non intendono ciò in cui noi crediamo; poiché essi credono che noi crediamo di Gesù Cristo (A) ciò in cui noi non crediamo e non conoscono ciò che noi di Gesù Cristo (A) crediamo e sappiamo; perciò se sentono "Trinità" pensano

---

[1] R. Lullo, *Libre de contemplació en Déu*, in S. Muzzi, "Raimondo Lullo e la base reale del confronto interreligioso: il *Libre de contemplació en Déu* e il *Libre del gentil e dels tres savis*, in M. Coppola, G. Fernicola, L. Pappalardo (ed.), *Dialogus. Il dialogo filosofico fra le religioni nel pensiero tardo-antico, medievale e umanistico*, "Institutiones" 4, Città Nuova, Roma 2014, pp. 395-413. Da un certo capitolo di quest'opera, Lullo utilizza un artificio: sostituisce ad alcune nozioni, astratte o concrete, delle lettere. Nel testo proposto, è stato riportato per esteso il significato delle lettere che Lullo aveva trascritto all'inizio del paragrafo.

che noi crediamo in tre dei, e che il Padre sia prima del Figlio; quando sentono "Incarnazione" pensano che noi crediamo che la divinità possa subire alterazione e morte; dunque su questo è il contrasto, si basa sul predicato, come noi diciamo: «Dio è uno nella Trinità», e «Dio è incarnato». Dunque se essi intendessero il predicato nel modo in cui noi lo intendiamo, non ci sarebbe contrasto tra noi e loro, così come non sarebbero in contrasto due di cui uno dice: «È lecito compiere il male» e l'altro afferma che non è lecito. Ma uno intende parlare del male che viene inflitto come pena per fare giustizia e l'altro intende riferirsi al male che segue una colpa, così che ciascuno crede di opporsi all'altro in ciò su cui non è in contrasto. Per questo il papa ed i principi dovrebbero inviare missionari agli infedeli per far intendere loro il predicato che quelli non comprendono, in modo che si accordino con la Chiesa (C) sul soggetto e sul predicato.[2]

Il Libro del Gentile e dei tre Savi[3]

I tre Savi e l'incontro con il Gentile

Appena ebbe dette queste parole ai tre Savi, la donna prese commiato e se ne andò. E rimasero i tre Savi alla fonte, sotto gli alberi; e il primo dei tre cominciò a sospirare e a dire: «Ah, come sarebbe cosa bellissima, se per opera degli alberi potessero vivere sotto un'unica legge e un'unica fede tutti gli uomini in terra! E che non ci fossero rancore e malevolenza in uomini che si combattono l'un l'altro per la diversità e le contrarietà di fedi e sette! E che, siccome c'è un solo Dio, Padre e Creatore e Signore di tutto quanto esiste, così tutti i popoli che esistono si unissero in un popolo solo, e quel-

---

[2] Cap. 346, par. 17.
[3] R. Lullo, *Il Libro del Gentile e dei tre Savi*, trad. A. Baggiani Cases, Paoline, Milano 2012.

lo fosse sulla via della salvezza, e tutti insieme avessero una sola fede, una legge, e concedessero gloria e lode a nostro Signore Iddio!». «Pensate, signori», disse un Savio ai suoi compagni, «quanto danno consegue al fatto che gli uomini non seguono una sola setta, e quanti benefici avremmo se tutti avessimo una fede, una legge. Dato che così è, sarebbe bene che ci sedessimo sotto questi alberi accanto a questa bella fonte, e che discutessimo su ciò che crediamo, secondo i fiori e le condizioni che questi alberi significano. Poiché non possiamo giungervi per opera delle autorità, tentiamo di arrivarvi con ragioni dimostrative e necessarie». Gli altri approvarono le parole del Savio. Sedettero e cominciarono a osservare i fiori degli alberi, e ricordarono le condizioni e le parole che la donna aveva detto, e si riproposero di discutere tra loro secondo il metodo che la donna aveva loro mostrato.

(…) Appena il Gentile sentì il saluto dei tre Savi, e vide i cinque alberi, e lesse i fiori degli alberi, e vide lo strano contegno dei tre Savi e i loro strani vestiti, cominciò a riflettere, e si meravigliò moltissimo delle parole che aveva udito e di ciò che scorgeva. «Caro amico», così disse uno dei tre Savi, «da dove venite, e qual è il vostro nome? Assai mi sembrate travagliato e sconfortato per qualcosa. Che cosa avete, perché siete venuto costà, c'è forse qualcosa per cui noi possiamo consolarvi o aiutarvi? Svelateci la vostra pena». Il Gentile rispose e disse che veniva da paesi lontani, che era un Gentile e andava avanti come un uomo uscito di senno in quella foresta, e il caso l'aveva condotto fin là. E raccontò in che stato l'avevano portato pena e dolore: «E siccome voi mi avete salutato e detto che mi aiuti Dio, che ha creato il mondo e risusciterà gli uomini, mi sono meravigliato assai per questo saluto, perché mai ho udito parlare del Dio di cui dite voi, e neppure di risurrezione ho mai sentito. E chi potesse spiegarmi e dimostrarmi con vive ragioni la risurrezione, potrebbe scacciare dall'anima mia il dolore e la tristezza». «Come, amico mio», disse uno dei Savi, «voi non credete in Dio, e non avete speranza di risurrezione?». «No, signore», disse il Gentile, «e se c'è qualche cosa che voi possiate mostrarmi, in modo che la mia anima possa riuscire ad avere conoscenza della risurrezione, vi prego di farlo, perché certo sapete che il grande dolore che mi affligge, perché mi vedo vicina la morte, e dopo la morte non penso esserci che il nulla, non si potrebbe raccontare». Quando i tre Savi sentirono e compresero l'errore del Gentile, e la sofferenza che pativa per quell'errore, carità e pietà riempirono i loro cuori, e stabilirono quindi di provare al Gentile che Dio esiste, e ha in sé bontà, grandezza, eternità, potenza, sapienza, amore, perfezione; e attraverso i fiori che si trovano nei cinque alberi avrebbero provato queste cose, per condurlo alla conoscenza di Dio e delle sue virtù, e alla speranza della risurrezione, per rallegrare il suo cuore e portarlo sulla via della salvezza. Uno dei tre Savi disse: «In quale modo tenteremo di provare queste cose? Il miglior suggerimento sarebbe di seguire il metodo che ci ha insegnato Donna Intelligenza».[4]

Un esempio di argomentazione attraverso i fiori degli alberi

[Fiore 4] Di potenza sapienza. «Vero è che potenza e sapienza concordano con l'essere; poiché, senza potenza, sapienza non potrebbe essere. Onde, poiché potenza e sapienza concordano con l'essere, il loro contrario, cioè mancanza di potenza e ignoranza, concorda col non essere; se concordassero con l'essere, ne risulterebbe che potenza e sapienza concorderebbero col non essere. E se lo facessero, naturalmente desidererebbero – le cose che hanno potenza e

---

[4] *Ivi*, pp. 109-112.

sapienza – di avere mancanza di potere e ignoranza, percioc-
ché avessero essere; e ciò non è vero. Quindi, se mancanza
di potenza e ignoranza sono nell'essere, giacché concordano
col non essere, tanto più conviene che potenza e sapienza siano in qualcosa in cui non sia mancanza di potenza e ignoranza! La qual cosa è Dio, perché in tutte le altre cose v'ha
mancanza di potenza completa e perfetta sapienza».[5]

La scoperta del Gentile dell'esistenza di tre fedi

Mentre il Gentile così adorava nostro Signore Iddio, gli
venne in mente il ricordo della sua terra e di suo padre e di
sua madre, e dell'errore e della miscredenza in cui erano
morti; e ricordò i tanti della sua terra avviati ormai al fuoco
eterno, per ignoranza e per la mancanza della grazia (...)
e disse queste parole ai tre Savi: «Ah, signori miei! (...) In
nome di Dio vi prego, signori, d'andare in quelle terre e di
predicarlo, e che mi addottrinate sì che possa onorare e servire Dio con tutte le mie forze. E di insegnare altresì a me
come, con la grazia di Dio e con la vostra dottrina, possa io
conoscere e indurre a via di salvezza tanta gente che è sulla
via del fuoco eterno». Appena il Gentile ebbe dette queste
parole, ognuno dei tre gli rispose dicendo che li avrebbe convertiti alla sua propria legge e alla sua fede. «Come!», disse
il Gentile, «Non avete tutti una sola legge e fede?». «No»
risposero i Savi «siamo anzi diversi in fede e in legge, uno di
noi è ebreo e l'altro cristiano e l'altro saraceno». «E chi fra
voi», disse il Gentile, «ha la legge migliore, e qual è la vera?».
Ognuno dei tre rispose e disse essere la propria, e difese la
sua fede riprendendo l'altro per quanto credeva. Il Gentile,
udendo che i Savi si opponevano, e uno diceva all'altro che la

---

[5] *Ivi*, pp. 117-118; qui si vede il funzionamento dell'argomentazione
attraverso i fiori degli alberi: la pienezza e la perfezione degli attributi divini
devono essere sempre rispettate.

sua fede era errore per cui l'uomo perdeva la celeste beatitudine e finiva nelle pene infernali, se era prima il suo cuore in preda a ira e tristezza, ora era in maggior pena, e disse: «Ah, signori! In quale grande speranza e allegrezza m'avevate posto! E quale grande afflizione avevate estirpato dal mio cuore! Ma ora mi avete restituito maggior ira e dolore di prima, ché dopo la mia morte non avrei avuto timore di sopportare travaglio infinito. Ma ora sono sicuro che, se non sono sulla vera strada, ogni pena è per me apparecchiata a tormentare l'anima mia dopo la morte eternamente!». (…) Ma alla fine il Gentile pregò i tre Savi, quanto più umilmente e devotamente poté, che disputassero dinanzi a lui, e dicesse ciascuno le sue ragioni quanto meglio potesse e sapesse, in modo che egli vedesse quale tra esse fosse la via della salvezza. E i Savi risposero, dicendo che volentieri avrebbero discusso dinanzi a lui, e anzi erano quivi convenuti già con l'intento di discutere per investigare e sapere quale di loro fosse sulla vera via, e quale in errore. Uno dei Savi disse: «Che metodo useremo in questa disputa in cui vogliamo entrare?». L'altro rispose: «Il miglior metodo che possiamo utilizzare, e per cui meglio che mai possiamo rendere chiara la verità a questo signor Savio Gentile che tanto accoratamente ci prega di dimostrare la via della salvezza, è che usiamo il metodo che ci ha indicato Donna Intelligenza; e coi fiori con i quali abbiamo provato al Savio che Dio esiste, e si trovano in lui virtù, e vi è risurrezione, con quelli stessi si sforzi ciascuno di noi di provare gli articoli in cui crede, per i quali ritiene essere sulla vera strada. E chi meglio potrà, secondo la sua fede, concordare gli articoli in cui crede con i fiori e le condizioni degli alberi, quegli darà significazione e dimostrazione d'essere in miglior fede che gli altri». Ciascuno accettò ciò che il Savio aveva detto, e poiché ognuno voleva rendere onore all'altro, nessuno voleva cominciare per primo. Ma il Gentile chiese quale legge ci fosse per prima, e i Savi dissero quella degli ebrei. Perciò il Gentile pregò l'Ebreo di cominciare per primo. Prima di cominciare, l'Ebreo chiese al Gentile e ai suoi compagni che non ribattessero alle sue parole; e per volere del Gentile fu stabilito fra i tre Savi che nessuno contraddicesse l'altro mentre dichiarava le sue ragioni, poiché dal contraddire è generata malevolenza nel cuore umano, e dalla malevolenza è disturbato l'intelletto a intendere. Ma il Gentile pregò i Savi di poter lui solo interloquire, se gli fosse sembrato opportuno, per poter meglio indagare la verità della vera legge che tanto desiderava intendere; e da tutti gli fu accordato.[6]

Il Gentile ascolta e comprende le ragioni dei tre Savi

Come il Gentile ebbe ascoltato tutte le ragioni dei tre Savi, cominciò a raccontare tutto ciò che aveva detto l'Ebreo, e poi raccontò tutto quanto aveva detto il Cristiano, e lo stesse fece per quanto aveva detto il Saraceno. Sì che i tre Savi ne ebbero un gran piacere, poiché il Gentile aveva inteso e compreso le loro parole; e insieme dissero al Gentile che ben sapevano che non avevano parlato a uomo senza cuore né senza orecchie. Il Gentile, appena ebbe raccontato quanto s'è detto, si levò in piedi, e il suo intelletto fu illuminato sulla via di salvezza, e il suo cuore cominciò ad amare e a colmargli gli occhi di lacrime, e adorò Dio dicendo queste parole: «Ah, Divino, infinito sovrano bene, che sei fonte e compimento di tutti i beni! Alla tua santa bontà, Signore, faccio reverenza e onore; a lei riconosco, e ne sono grato, la grande felicità cui sono pervenuto. Signore Iddio, adoro e benedico la tua grandezza, che è infinita in bontà, eternità, potenza, sapienza, amore, perfezione».[7]

---

[6] *Ivi*, pp. 147-149.
[7] *Ivi*, pp. 321-322.

Del commiato che i tre Savi presero dal Gentile

Appena il Gentile ebbe finita la sua preghiera, alla bella fonte lavò mani e faccia, a cagione delle lacrime che aveva versato, e s'asciugò con un bianco panno che portava, col quale era aduso ad asciugarsi gli occhi che piangevano per la tristezza che di solito aveva. Di poi sedette accanto ai tre Savi, e disse queste parole: «Per grazia e benedizione di Dio è accaduto che io incontrassi voialtri signori in questo luogo nel quale Dio m'ha voluto ricordare e prendere al suo servizio. Onde, benedetto sia il Signore, e benedetto sia il luogo, e voialtri siate benedetti da lui, e benedetto sia Iddio per la cui volontà siete venuti in questo luogo! E in questo luogo ove tanta felicità m'è giunta, voglio, in presenza a voialtri signori, prendere e scegliere quella legge che mi è stata significata essere vera, per la grazia di Dio e per le parole che voialtri mi avete detto. E in questa legge voglio essere, e per quella onorare e manifestare voglio operare tutti i giorni della mia vita». (…) E i tre Savi si levarono in piedi e presero commiato dal Gentile molto gradevolmente e devotamente. Molte furono le benedizioni che i tre Savi rivolsero al Gentile, e il Gentile ai tre Savi; e abbracci e baci e lacrime e pianto vi furono al loro commiato e alla fine delle loro parole. Ma prima che i tre Savi fossero partiti da quel luogo, il Gentile li interrogò e disse loro che di molto si meravigliava che essi non aspettassero di sentire quale era la legge che egli sceglieva tra tutte. I tre Savi risposero e dissero che poiché ciascuno di loro riteneva che avesse scelto la propria legge, non volevano sapere quale legge aveva scelto. «E tanto più in quanto sia per noi materia di discussione che disputiamo tra di noi per vedere, secondo forza di ragione e di natura di intendimento, quale deve essere la legge che sceglieresti. E se tu dinanzi a noi manifestavi quella legge che tu più ami, non avremmo così

bene materia di discussione di cui disputare, né di trovare la
verità». Dette queste parole, i tre Savi se ne tornarono nella
città da cui erano venuti. E il Gentile, riguardando i fiori dei
cinque alberi e ricordando ciò che aveva appreso, aspettò i
due gentili che arrivavano. (...) Come il Savio [il primo dei
tre, *ndr*] ebbe terminato di parlare, l'altro Savio cominciò a
parlare, e disse che tanto erano gli uomini radicati nella fede
in cui erano e in cui l'avevano posta i loro padri e i loro antenati, che impossibile cosa sarebbe che li si potesse sradicare
con predicazione o con disputa, o con qualsiasi altra cosa vi
si potesse fare. E perciò, quando si vuole discutere con loro
o si vuole mostrare l'errore in cui sono, immediatamente disprezzano tutto ciò che gli si dice, e dicono che nella
fede in cui i loro genitori e i loro antenati li hanno posti,
vogliono restare e morire. (...) I tre Savi erano giunti nel
luogo dove s'erano incontrati all'inizio all'uscire dalla città; e qui presero commiato i tre Savi l'uno dall'altro molto
amabilmente e piacevolmente; e ciascuno chiese perdono
all'altro se aveva detto contro la sua legge alcuna villana parola. L'uno perdonò all'altro; e quando furono sul punto di
separarsi, il primo Savio disse: «Dell'avventura che ci è oc-
corsa nella foresta donde veniamo, ne conseguirà a noialtri
un qualche profitto? Non ci sembrerà bene che col metodo
dei cinque alberi e delle dieci condizioni significate dai loro
fiori, ogni giorno una volta al giorno noi discutessimo, e
che seguissimo il metodo che Donna Intelligenza ci ha for-
nito; e che tanto tempo durasse il nostro disputare finché
tutti e tre avessimo una fede, una legge soltanto, e che tra
noi trovassimo modo di onorarla e servirla l'una e l'altra,
affinché più avanti potessimo concordare? Poiché guerra,
travaglio, malevolenza, e arrecare danno, e onta impedisce
agli uomini di concordare in una sola fede». Ciascuno dei
tre approvò ciò che il Savio diceva, e disposero il luogo e

l'ora ove disputassero, e il modo con cui l'avrebbero onorato e se ne sarebbero serviti e avrebbero disputato. E appena avessero concordato e fossero arrivati a una sola fede, sarebbero andati per il mondo dando gloria e lode al nome di nostro signore Iddio. Ciascuno dei tre Savi tornò alla sua dimora, e si attenne a quanto aveva promesso.[8]

Doctrina pueril[9]

LXXXIII. Della maniera secondo la quale gli infedeli possono essere convertiti alla fede cristiana

[1] Convertire è avviare coloro che errano verso la via della verità, perché partecipino con i cattolici della vita eterna.

Ora, una tale opera, sappi, figlio, che abbisogna di tre cose: potere, sapienza, volontà; di queste nostro signore Iddio Gesù Cristo ne promise due a san Pietro, quando gli disse e lo pregò tre volte che pascolasse le sue pecorelle.

[2] Se Dio avesse detto a san Pietro, nella persona della santa Chiesa, di convertire coloro che errano, e non gli avesse dato potere né sapienza, Dio avrebbe errore nelle sue parole: e se Dio costringesse la volontà dell'uomo a volerlo per forza, distruggerebbe il libero arbitrio, con la distruzione del quale sarebbe distrutto il merito, e non sarebbe Dio giusto. Quindi, per conservare il libero arbitrio, e per indurre la santa Chiesa a convertire chi falla, volle il Figlio di Dio soffrire morte in carne umana, per salvare il suo popolo e per esaltare la santa Chiesa, nella quale Dio ha tanto onorato l'uomo.

[3] Amabile figlio, il potere di convertire chi erra sta nella volontà di Dio, e poiché buona cosa è convertire l'uomo

---

[8] *Ivi*, pp. 329-332.
[9] R. Lullo, *Doctrina pueril*, trad. A. Baggiani Cases, A.M. Saludes i Amat, Giardini Editori, Pisa 2003, pp. 106-108.

in errore, secondo bontà, giustizia, misericordia, pietà, generosità divina, la volontà divina deve volerlo: e poiché lo vuole, perciò ha dato potestà al papa e ai cardinali e altri prelati e chierici di ricchezze e di gente e di savie persone che hanno il sapere.

[4] Vi sono molti ebrei e saraceni, sotto la signoria dei cristiani, che non hanno conoscenza della fede cristiana, e i cristiani possono ad alcuni bambini, figli degli infedeli, insegnarla per forza, affinché ne abbiano conoscenza, e con la conoscenza abbiano coscienza di essere in errore, per la quale coscienza è cosa possibile che convertano altri. Ora, prelato, o principe che questo metodo non ama, perché gli ebrei e i saraceni ne fuggirebbero in altre terre, ama più i beni di questo mondo che l'onore di Dio o la salvezza del suo prossimo.

[5] Più di un ebreo sarebbe cristiano, se avesse di che vivere, lui e i suoi figli e sua moglie. Quindi, chi non vuole dare né allearsi per aiutarli a campare, agisce contro il potere che Dio gli ha dato nel donare i beni temporali. E molti saraceni sarebbero cristiani se vedessero che chi si fa cristiano è onorato e non deriso dalle genti. Ora, chi l'onta che viene fatta ai battezzati non castiga, non usa del potere che Dio gli ha dato, e non vuole che gli altri saraceni abbiano conoscenza di Dio.

[6] Ben sai tu, figlio, che l'Apostolo ha ambasciatori e denaro per poterli inviare nelle terre dove stanno gli idolatri e i gentili, e perché se ne facciano venire di diverse terre e diverse nazioni o D o M o più, e che si faccia insegnare loro la nostra lingua e la nostra fede, e gli si facciano doni e gli si faccia un buon trattamento, e poi che li si rimandi nella loro terra affinché quegli altri sappiano la nostra fede, che ignorano e alla quale crederebbero se la sapessero; perché un uomo senza fede, idolatra, facile è da convertire.

[7] Molti santi religiosi sono ansiosi di morire per onorare la passione di Dio, e per la salvezza del prossimo, e apprenderebbero, se vi fosse chi gliela insegni, la lingua, e andrebbero a predicare la parola di Dio, se vi fosse chi li mandi; ma non v'è chi faccia monasteri istituiti per apprendere le diverse lingue, né vi è chi manderà i frati.

(...) [10] Se tutti i frati religiosi che sono adatti a predicare fossero necessari al popolo dei cristiani, qualche scusa avrebbero; ma Dio tanto vuole che per tutto il mondo si sparpaglino, che tanti ne ha moltiplicato che a tutto basterebbero. E i frati che fossero martirizzati esorterebbero, con fama e devozione, molto di più noialtri alla fede e alla devozione, che i frati che si trovano tra noi.

[11] Ragione dimostra che verità è più forte cosa che falsità. Ora, se Dio se li prende, e accetta santa conversazione d'uomini e sacrificio di sangue consacrato nel cuore dell'uomo che muore per onorare Dio, e l'uomo vi fa la sua parte con preghiera e con elemosina e con penitenza, affezione e devozione, come può darsi che con cotanta lunga ostinata perseveranza gli increduli non si riesca a trarre dall'errore in cui sono? E se ciò fosse impossibile, ne seguirebbe che errore, falsità, avrebbero maggior potere che le cose suddette, e l'uomo farebbe meglio il suo dovere nel convertire il mondo, che Dio, e ciò non è vero.

[12] Non siamo in tempi di miracoli, perché la dedizione nel convertire il mondo era maggiore tra gli Apostoli che non sia ora nel mondo in cui siamo; né ragioni fondate sull'autorità recepiscono gli infedeli; dunque è utile a convertire gli infedeli il *Libre de demostracions* e la *Art de atrobar veritat*, la quale sia loro insegnata, perché con essa si combatta la loro intelligenza, affinché conoscano e amino Dio.

Liber de fine[10]

Prologo

Signore Dio nostro, Gesù Cristo, a tua lode, a tuo ossequio e a tuo onore inizia questo libro chiamato *De fine*.

Da lungo tempo ormai il mondo giace in misere condizioni e allo stato attuale è da temere che andrà verso il peggio. I Cristiani sono pochi, molti invece sono gli infedeli che tentano giorno per giorno di distruggere i Cristiani: crescendo di numero ne occupano e ne usurpano le terre; bestemmiano, negandola oltraggiosamente, la santissima, veneratissima e vera trinità di Dio e la santissima incarnazione del Signor nostro Gesù Cristo; a disonore della corte celeste son padroni della Terra Santa. Poiché poi i Cristiani sembrano riluttare a porre rimedio a tale condizione abietta e ingiusta, un uomo abbandonò tutto quel che aveva e si sfiancò a lungo, viaggiando quasi per il mondo intero, per trovare, in accordo con il signor papa, con i signori cardinali e con gli altri principi di questa terra, tempestivo rimedio e sollievo a sì grave e vergognoso malanno; per tentare, se possibile, di scongiurarlo radicalmente, ottenendo dal signor papa, dai signori cardinali e dagli altri principi predetti, concessione a fondare e costruire alcuni monasteri dove valenti uomini colti, desiderosi di morire per Cristo, studiassero le lingue diverse degli infedeli, impadronendosene, per poi andare in tutto il mondo a predicare il vangelo, come ordinò il nostro Signore Gesù Cristo, che disse a san Pietro: «Pietro, se mi ami, pasci le mie pecore».

Ma questo io, quell'uomo, non l'ho ottenuto: non esistono amici per il bene pubblico, e se pur esistono, son pochi, come è evidente a chiunque abbia occhi. La devozione e la carità sono pressoché dimenticate. Ho scritto molti li-

---

[10] R. Lullo, *Liber de fine*, in F. Porsìa, *Progetti di crociata. Il De fine di Raimondo Lullo*, Chimienti, Taranto 2005.

bri contro gli infedeli e ad elevazione dell'umano intelletto: perché valga universalmente e metologicamente per tutte le scienze, il presente libello sarà perciò chiamato *Fine* di tutti gli altri.

Con esso mi giustifico davanti a Dio padre, al suo giustissimo Figlio, e allo Spirito santo, che scruta nel cuore degli uomini, alla santissima Vergine madre del figlio incarnato di Dio, e a tutta la corte dei cittadini celesti. In questa impresa non posso far di più, dal momento che sono solo a portarla avanti e non trovo nessuno che mi aiuti. Ma mi propongo di mandare questo libro al signor papa e a quanti altri principi e reggitori della fede cristiana.

In questo libro è contenuta materia con la quale potrebbero, se per grazia di Gesù Cristo volessero, ricondurre in buono stato il mondo e riunirlo nell'unico ovile cattolico. Se vorranno farlo sarà bene; se non vorranno, da parte mia ne sono discolpato. E me ne scuserò nel giorno del giudizio davanti al sommo giudice, dicendo così e mostrandoli a dito: «Signore, giusto giudice, ecco quelli, uno per uno, ai quali ho detto, anche per iscritto, ai quali ho mostrato il modo con il quale, se avessero voluto, avrebbero potuto convertire gli infedeli, ridurli alla unità universale della nostra fede, recuperando la vostra verissima sepoltura con la città di Gerusalemme e la Terra Santa».

Quale sarà quel giorno la sentenza per loro non mi è lecito sapere: appartiene solo a Lui che conosce tutto *ab eterno*. So bene però, so per certo, che la divina potenza non ha limite alcuno; che la divina sapienza non può essere ingannata; e so che la giustizia di Dio sarà grande nel giudicare. Perciò io darei come sano e veridico consiglio: chi ha orecchie per intendere intenda ciò che ho detto, e lo imprima nella mente ardendo nel terrore del grande giudizio.

Divisione di questo libro: Questo libro si divide in tre parti. La disputa contro gli infedeli sarà la prima. La guerra la seconda. La terza L'elevazione dell'intelletto.[11]

Contro i Saraceni

I Saraceni credono che Gesù Cristo sia figlio di Dio e spirito. Non credono che sia Dio egli stesso. Credono che sia stato il miglior uomo che ci fu, che c'è e che ci sarà. E che fu concepito dallo Spirito Santo e nacque da Maria Vergine. E credono che la beata madre Maria sia Vergine e santa; e così degli apostoli che sono santi.

Concordano dunque con noi in molti punti. Grazie a queste concordanze potremo giungere a una conclusione comune con loro spiegando in qual modo crediamo all'incarnazione del Signor nostro Gesù Cristo. Essi non credono che noi crediamo all'incarnazione nel modo in cui noi realmente crediamo: credono infatti che noi crediamo che Dio si sia diviso in tre parti. E che una parte discese nella santa Vergine, un'altra rimase in cielo, e l'altra è lo Spirito santo. E quella che si incarnò diventò uomo, e, per quanto riguarda la divinità, morì e soffrì. Così è anche di altri numerosissimi errori, che ci attribuiscono falsamente sull'incarnazione di Gesù Cristo.

E perciò se ci fossero uomini capaci che mostrassero e spiegassero loro in qual modo noi crediamo nella vera incarnazione di Dio, dottrina che voi già conoscete e che io ho più volte spiegato nei miei libri; attraverso queste vie un uomo potrebbe ridurli a credere nell'incarnazione.

I Saraceni credono che esiste un Dio soltanto. Ma credono anche che noi crediamo in un Dio diviso in tre parti, e che ciascuna di queste parti sia un Dio, separato dagli altri. Sicché credono che noi crediamo in tre dei, così distinti, e in

---

[11] *Ivi*, pp. 147-148.

un unico Dio, composto dagli altri: e così di altri errori che ci attribuiscono falsamente.

Perciò, se essi sapessero quali sono i motivi della nostra fede, soprattutto sulla somma divina trinità, e se noi ne dessimo loro ragioni stringenti e incontrovertibili da umano intelletto – tali ragioni voi le conoscete già e io le ho spiegate in numerosi miei libri in lingua arabica e latina – allora essi accetterebbero di credere alla santissima trinità di Dio.

(...) I Saraceni dicono che noi affermiamo che la nostra fede non ammetterebbe prove. Perciò la respingono senza neanche ascoltarla: non vogliono abbandonare un credo a favore di un altro. Anche in tal modo essi screditano fortemente la nostra fede. Perciò è necessario che qualcuno dica loro che la nostra fede può essere provata, rimanendo integralmente fede, come io stesso ho spiegato nel libro chiamato *De aequiparantia*, nell'altro *De praedicatione*, in quello *De Deo*, in quello *De disputatione fidei et intellectus* e nell'altro *De descensu et ascensu ipsius intellectus*, che ho scritto ad elevazione della fede cristiana. Perciò se qualcuno portasse contro di loro tali argomenti, non potrebbero negare la santissima trinità, con il sostegno della grazia divina.[12]

Il Libro dell'Amico e dell'Amato[13]

Cantava l'usignolo nel giardino dell'amato. Venne dunque l'amico dicendo: «Se non possiamo capirci con il linguaggio, lo faremo per amore: il cuore del tuo canto figura agli occhi la figura del mio amato».

---

[12] *Ivi*, pp. 151-152.
[13] R. Lullo, *Il Libro dell'Amico e dell'Amato*, trad. F. D'Amato, Qiqajon, Magnano 2016, p. 48.

Arte breve[14]

Seconda parte. Le quattro figure
1. La prima figura, contrassegnata da A

Questa parte si divide in quattro paragrafi, o meglio in quattro figure. La prima figura è la A. Questa figura contiene nove principi, cioè bontà, grandezza, eccetera, e nove lettere, cioè B, C, D, E, eccetera. Questa figura è circolare perché il soggetto diventa predicato e viceversa, come quando si dice: la bontà è grande; la grandezza è buona. E così per gli altri principi. In questa figura l'artista cerca l'accordo naturale tra soggetto e predicato, l'ordine e il rapporto, per trovare un termine medio con cui giungere alla conclusione.

Qualunque principio, preso da solo, è assolutamente generale, ad esempio "bontà" e "grandezza". Quando invece un principio è congiunto ad un altro, allora esso è subalterno, come ad esempio "bontà grande", eccetera. E quando un principio è congiunto ad un termine singolo, allora si tratta di un principio specialissimo, come ad esempio "la bontà di Pietro è grande". E così l'intelletto ha una scala per ascendere e discendere da un principio assolutamente generale ad uno né assolutamente generale né assolutamente speciale, e da un principio né assolutamente generale né assolutamente speciale ad uno assolutamente speciale . E così a suo modo si può dire dell'ascesa di questa scala.

Nei principi di questa figura è contenuto tutto ciò che esiste. Infatti ciò che esiste, o è buono, oppure è grande, eccetera; così come Dio e l'angelo, che sono buoni e grandi, eccetera. Per cui tutto ciò che esiste, è riducibile ai principi suddetti.

---

[14] R. Lullo, *Arte breve*, trad. Marta M. M. Romano, Bompiani, Milano 2002, p. 89.

Bibliografia

Un utile strumento bibliografico elettronico per orientarsi nel vastissimo ambito della bibliografia lulliana è offerto dal Centre de Documentació Ramon Llull dell'Università di Barcellona, consultabile in varie lingue all'indirizzo: http://quisestlullus.narpan.net

N.B. La presente Bibliografia ha privilegiato, dove possibile, i contributi in lingua italiana.

Barbagallo S., "Il *proprium* liturgico del Beato Raimondo Lullo, Martire", in Romano Marta M. M. (ed.), *Il Lullismo in Italia: itinerario storico-critico. Volume miscellaneo in occasione del VII centenario della morte di Raimondo Lullo*, pp. 43-59.

Bartoli M., "Identità e dialogo: Raimondo Lullo e l'attuale dibattito sull'incontro tra le religioni", in *Frate Francesco*, 74 (2008), pp. 199-208.

Batllori M., *Teoria ed azione missionaria in Raimondo Lullo. Espansione del Francescanesimo tra Occidente e Oriente nel XIII secolo*, Atti del VI Congresso internazionale, Assisi 12-14 ottobre 1978, Assisi 1979, pp. 187-211.

Id., *Il lullismo in Italia. Tentativo di sintesi*, "Medioevo" 8, Centro Italiano di Lullismo, Antonianum, Roma 2004.

De Vizio R., "Francesco d'Assisi e Raimondo Lullo: continuità e differenze nel loro rapporto con l'Islam", in *Antonianum*, 90 (2015), pp. 563-582.

Demontis L., "*Quomodo Terra Sancta recuperari potest*. Fidenzio da Padova, Raimondo Lullo e il 'superamento' della crociata", in *Antonianum*, 90 (2015), pp. 545-561.

DOMÍNGUEZ F., "Il Dio maggiore: le ragioni di Raimondo Lullo in Sicilia", in MUSCO A., ROMANO MARTA M. M. (ed.), *Il Mediterraneo del '300: Raimondo Lullo e Federico III d'Aragona, re di Sicilia. Omaggio a Fernando Domínguez Reboiras*, pp. 15-41.

FIDORA A., RUBIO J. E. (ed.), *Raimundus Lullus. An Introduction to his Life, Works and Thought*, "Corpus Christianorum. Continuatio Mediaevalis 214. Raimundi Lulli Opera Latina, Supplementum Lullianum" II, Brepols, Turnhout 2008.

GAJÀ ESTELRICH J., *Raimondo Lullo. Una teologia per la missione*, Jaca Book, Milano 2002.

MANCINI D., "Strategie di approccio in Raimondo Lullo", in *Analecta TOR*, 21 (1990), pp. 415-427.

MUSCO A., ROMANO MARTA M. M. (ed.), *Il Mediterraneo del '300: Raimondo Lullo e Federico III d'Aragona, re di Sicilia. Omaggio a Fernando Domínguez Reboiras*, "Subsidia Lulliana" 3, Brepols, Turnhout 2008.

MUZZI S., "Raimondo Lullo e la base reale del confronto interreligioso: il *Libre de contemplació en Déu* e il *Libre del gentil e dels tres savis*", in COPPOLA M., FERNICOLA G., PAPPALARDO L. (ed.), *Dialogus. Il dialogo filosofico fra le religioni nel pensiero tardo-antico, medievale e umanistico*, "Institutiones" 4, Città Nuova, Roma 2014, pp. 395-413.

PEREIRA M., "Alchimia lulliana: aspetti e problemi del corpus di opere alchemiche attribuite a Raimondo Lullo", in *Ramon Llull, il lullismo internazionale, l'Italia*, "Annali dell'Istituto Universitario Orientale, Sezione Romanza" 34/1, Napoli 1992, pp. 117-130.

ID., "Il santo alchimista. Intrecci leggendari attorno a Raimondo Lullo", in *Micrologus*, 21 (2013), pp. 471-515.

ID., "Raimondo Lullo e l'alchimia: un mito tra storia e filologia", in *Frate Francesco*, 80 (2014), pp. 517-523.

PORSIA F., *Progetti di crociata. Il De fine di Raimondo Lullo*, Chimienti Editore, Taranto 2005.

PRING-MILL R. D. F., *Il microcosmo lulliano*, ed. S. Muzzi, "Medioevo" 14, Centro Italiano di Lullismo, Antonianum, Roma 2007.

RAMIS G., "Historia de la Causa de Canonización del Siervo de Dios Ramón Llull, Llamado Beato (1232c.-1315)", in *Analecta TOR*, 31 (2000), pp. 307-325.

ROMANO MARTA M. M. (ed.), *Il Lullismo in Italia: itinerario storico-critico. Volume miscellaneo in occasione del VII centenario della morte di Raimondo Lullo,* Officina di Studi Medievali-Pontificia Università Antonianum, Palermo 2015.

SEDDA F., "La predicazione agli infedeli tra Francesco d'Assisi e Ramon Llull", in *Antonianum,* 90 (2015), pp. 607-622.

TODISCO O., "Lo spazio teoretico come spazio di libertà. La lezione filosofica del francescano Raimondo Lullo", in *Miscellanea francescana,* 105 (2005), pp. 501-570.

VALLS G., "L'ideale missionario del B. Raimondo Lullo, Terziario Francescano Martire a Bugia (Africa 1315)", in *Studi Francescani,* 12 (1926), pp. 117-128.

YATES F. A., *Raimondo Lullo e la sua Arte. Saggi di lettura,* ed. S. Muzzi, "Medioevo" 18, Antonianum, Roma 2009.

Opere di Raimondo Lullo

Arte breve, trad. Romano Marta M. M., Bompiani, Milano 2002.

Doctrina pueril, trad. Baggiani Cases A., Saludes i Amat A.M., Giardini Editori, Pisa 2003.

Il Libro del Gentile e dei tre Savi, trad. Baggiani Cases A., Paoline, Milano 2012.

Il Libro del Natale. Il lamento della Filosofia, ed. Obertello L., Nardini Editore, Firenze 1991.

Il Libro dell'Amico e dell'Amato, trad. D'Amato F., Qiqajon, Magnano 2016.

Il libro delle bestie, ed. Frattale L., Novecento, Palermo 1987.

La vita coetanea, ed. Malaspina S. M., Jaca Book, Milano 2010.

Libre de contemplació en Déu, Obres de Ramon Lull, I-VII, ed. Obrador y Bennassar M., Ferrà M., Galmés S., II-VIII, Miquel Font, Palma 1987-1989.

Libro dell'ordine della cavalleria, trad. Allegra G., Edizioni Francescane, Roma 1972; riedito da Edizioni Arktos, Carmagnola 1983.

Indice

Incontri
a Sichar